Karl Braun

Vier Briefe eines Süddentschen

an den Verfasser der vier Fragen einen Ostpreussen

Karl Braun

Vier Briefe eines Süddentschen
an den Verfasser der vier Fragen einen Ostpreussen

ISBN/EAN: 9783743639652

Hergestellt in Europa, USA, Kanada, Australien, Japan

Cover: Foto ©ninafisch / pixelio.de

Weitere Bücher finden Sie auf **www.hansebooks.com**

Briefe eines Süddeutschen

an den Verfasser der

„Vier Fragen eines Ostpreußen".

Von

Karl Braun.

Zweiter Abdruck.

Leipzig
Verlag von S. Hirzel.
1867.

Vorwort.

Die nachfolgenden „Vier Briefe" sind im Laufe des Juni und Juli geschrieben und in den Grenzboten publicirt worden.

In Folge mehrfacher Aufforderungen erscheinen dieselben hier als besondere Schrift. Sie stehen auf dem Standpunkt der nationalliberalen Partei und suchen denselben zu rechtfertigen. Sie stellen jedoch das Vaterland über die Partei, und halten es für eine weit wichtigere Angelegenheit, daß die Geschicke Deutschlands die richtige Lösung finden, als daß Herr A. oder Herr B. sich einer mehr oder minder großen Popularität erfreuen.

Der Herr Verleger wünscht, daß ich die Briefe mit einem Vorworte begleite. Er kommt damit meinem Bedürfniß entgegen. Ich habe in den Briefen selbst mit Rücksicht auf den beschränkten Raum der Wochenschrift, worin sie erschienen, Manches nur andeuten können, während es mich drängt, mich ausführlich darüber auszusprechen. ― ―

Das neunzehnte Jahrhundert, dessen Anfang auf Gründung einer continentalen Universalmonarchie, welche an die Traditionen Karls des Großen, den Frankreich sowohl als Deutschland den ihrigen nennen, anknüpfte, loszusteuern schien, weiht seine zweite Hälfte der Wiederherstellung der Nationen. Der universalen Action folgt die nationale Reaction. Deutschland und Italien, die Häupter der germanischen und der romanischen Cultur auf dem Continent von Europa, sind im Begriffe, sich eine nationale Stellung zu erringen, die sie verscherzt hatten über dem Bestreben eine theokratische Weltherrschaft zu gründen.

Die beiden Schwerter der mittelalterlichen Christenheit, der deutsche Kaiser und der römische Pabst, die, Anfangs mit einander vereinigt, eine zweiköpfige weltlich = geistliche Universalmacht anstrebten, dann aber über die Grenzen des Herrschaftsgebietes des weltlichen und des geistlichen Kopfes mit einander in einen erbitterten Streit geriethen, — diese beiden Schwerter schlugen so lange auf einander los, bis sie alle beide stumpf und schartig wurden und das Kaiserthum die deutschen, das Pabstthum die italienischen Lande mit in seinen Ruin verwickelte.

Beide Länder, Deutschland und Italien, behaupteten zwar vor wie nach ihre Stelle an der Spitze der europäischen Kunst und Wissenschaft, trotz des namenlosen Elendes, das die antinationale Politik der Kaiser und der Päbste über sie verhängt hatte. Aber sie büßten ihre politische Freiheit und ihre nationale Macht ein. Malerei, Sculptur, Poesie, Wissenschaft, Handel und Industrie erhoben sich in beiden Ländern stets auf's Neue von den verhängnißvollen Niederlagen, welche ihnen eine schlechte Politik bereitete, —

und ich spreche hier auch von dem Pabstthum nur als von einer politischen, nicht von einer kirchlichen Institution; — aber die Zerrissenheit der Territorien in beiden Ländern, welche von der heruntergekommenen Gestalt des Kaiser- und Pabstthums gehegt und gepflegt ward, legte die nationale Kraft lahm und setzte an die Stelle der Volksfreiheit die Willkühr und die Selbstüberhebung eines mit dem Auslande conspirirenden Kleinfürstenthums.

An die Stelle der Hohenstaufen, welche, der Universal-Monarchie nachjagend, sich und der Nation den Untergang bereiteten, sind in Deutschland nun die Hohenzollern getreten, um die National-Monarchie aufzurichten.

An die Stelle der päbstlichen Politik, welche Italien entnationalisiren und es zum Throne machen wollte, auf welchem die Theokratie sitzt, um dem Universum Gesetze vorzuschreiben, ist die Dynastie von Piemont getreten, um das Italien der Italiener an die Stelle des Italien der Priester zu setzen und diesem hochbegabten Volke die Führung der romanischen Rasse, die es an Frankreich abgeben mußte, zu revindiciren.

Aber in Deutschland sowohl, wie in Italien hat die lange Periode antinationaler Zwergstaaterei oder Staatlosigkeit ihre traurigen Spuren hinterlassen. In Italien die Corruption, die ihr Prototyp in der päbstlichen Nepoten-Wirthschaft findet; in Deutschland die dogmatische Kleinmeisterei und die Rechthaberei, welche sich am vollständigsten in den theologisch-scholastischen Pfaffen- und Gelehrten-Zänkereien des sechzehnten und siebenzehnten Jahrhunderts wiederspiegelt und die besten Kräfte der Nation in Lappalien verpufft hat und deren Niederschlag wir heute noch in der dogmenwüthigen Ketzerrichterei unseres politischen Parteilebens vorfinden. Ein italienischer Patriot, der sich täglich dem Tode exponirt, wenn das Vaterland ruft, scheut sich vielleicht nicht, die Staatscasse zu übervortheilen in einer Weise, die den Verlust einer Schlacht von Lissa herbeiführt. Ein deutscher Patriot, der den Kerker nicht fürchtet, wenn es gilt, seiner Ueberzeugung treu zu bleiben, opfert die höchsten Interessen des Landes lieber, als daß er sich zu einem Irrthum bekennt. „Lieber möge Deutschland untergehen, als daß man mich einer Inconsequenz zeihen könnte!" „Si fractus illabetur orbis, impavidum ferient ruinae!"

Und dabei sind Deutsche, wie Italiener noch vorwiegend Privatmenschen, besonders die Süddeutschen und die Süditaliener. Ein geistreicher preußischer König, während dessen Regierungszeit die Machtstellung Preußens eher Rückschritte machte, als Fortschritte, pflegte den Staat einen „Racker" zu nennen. In diesem Gedanken begegnen einander der theokratisch-legitimistische norddeutsche Monarch und der antikirchlich-radicale süddeutsche Republikaner.

Der Staat ist ein zu rauhes und borstiges Ding für den muskenhaft weichen, weder an allgemeine Wehrpflicht, noch an allgemeine Einkommensteuer gewöhnten, unpolitischen Südländer in Italien und in Deutschland. Dort findet man den Piemontesen gerade so gut hart und hölzern, wie hier den Preußen anmaßend und schablonenhaft bornirt. Beides mit Unrecht, wenn man absieht von gewissen Schwächen der Bureaukratie, welche einander in Italien und in Preußen gleicht, wie ein Ei dem andern; — Schwächen, die in mancher Hinsicht zugleich Stärken sind, die aber sogar dem Regenerator Preußens, dem großen Freiherrn vom Stein, den Stoßseufzer auspreßten, daß „diese Leute zu nichts zu brauchen seien, als zu Calculatoren oder zu Unterofficieren."

Nichts in der Welt wird uns besser dazu verhelfen, jene weichmüthige Verstimmung und die Schmerzen, welche mit jeder Uebergangsperiode untrennbar verbunden sind, zu verwinden, als wenn wir in die Vergangenheit blicken und uns überzeugen, wie alles Unglück, welches Italien und Deutschland im Laufe der Jahrhunderte betroffen, welches beide Völker der politischen Freiheit beraubt und ihr Ansehen so untergraben hat, daß Italien zu Gunsten Frankreichs, und Deutschland sogar zu Gunsten Hollands zeitweilig abdanken mußte, seinen Ursprung darin findet, daß es beiden Nationen nicht gelang, sich zeitig einheitlich politisch zu constituiren, ohne welche Constituirung es einer Nation nun einmal nicht möglich ist, ihre Mission zu erfüllen.

In Italien hatte man den Sitz des Uebels schon früher erkannt, als bei uns.

Niccolo di Bernardo dei Macchiavelli leitet seine bewundernswürdigen „Florentinischen Geschichten" mit folgender Auseinandersetzung ein:

„Zur Zeit der Longobardenherrschaft fingen die Päbste an, zu größerem Ansehen, als sie bisher genossen, zu gelangen. Die unmittelbaren Nachfolger des heiligen Petrus waren nämlich wegen der Reinheit ihres Wandels und wegen ihrer Wunder von den Menschen verehrt worden, und dadurch war die christliche Religion so zu Ansehen gelangt, daß die Fürsten genöthigt wurden, sich zu ihr zu bekennen, um einigermaßen der furchtbaren Verwirrung zu steuern, welche damals die Welt ergriffen hatte."

Als nun auch der römische Imperator Christ geworden war, Rom und Italien verlassen und seine Residenz nach Constantinopel verlegt hatte, ergab sich daraus mit Nothwendigkeit einerseits der allmähliche Untergang des römischen Reichs, andererseits das schnellere Wachsen des Pabstthums.

Gleichwohl legten sich die römischen Päbste vor der Ankunft der Longobarden — zu jener Zeit, da Italien noch ganz den Imperatoren unterworfen war — niemals eine andere Autorität bei, als diejenige, welche ihnen die Leute aus Achtung vor ihrem Wandel und ihren Lehren freiwillig entgegentrugen. Im Uebrigen gehorchten sie bis dahin noch den Imperatoren. Sie wurden sogar von diesen zuweilen getödtet, zuweilen als Beamte in deren Geschäften verwendet.

Wer ihnen zuerst ein größeres Gewicht in Sachen Italiens beilegte, das war Theodorich, König der Gothen; — und zwar dadurch, daß er seine Residenz von Rom nach Ravenna verlegte. Denn da nun Rom kein fürstliches Oberhaupt mehr hatte, so waren die Römer, um geordnete Zustände zu erhalten, genöthigt, dem Pabste Gehorsam zu leisten. Gleichwohl wuchs hierdurch seine Autorität gerade noch nicht um ein Großes.

Als aber die Longobarden eingerückt waren, als dieselben ihr nationales Königthum abschafften und sich statt dessen, — wodurch ihre Macht gebrochen wurde, — dreißig Herzoge aus ihrer Mitte wählten, als in Folge dessen Ita=

lien in viele einzelne Territorien zerfiel, da erhielt auch der Pabst Gelegenheit, eine größere politische Wirksamkeit zu entfalten. Denn da er doch gleichsam das Oberhaupt in Rom war, so hatten sowohl der byzantinische Kaiser als auch die Lombardenfürsten Ehrfurcht vor ihm. Auf diese Weise erhöhten die Päbste ihre politische Autorität, indem sie fortfuhren, **abwechselnd bald der Lombarden, bald der Griechen (Byzantiner) Freunde zu sein.** Als nun aber später das morgenländisch-byzantinische Kaiserreich allmählich zerfiel, indem die Slaven von Neuem Illyrien angriffen und, nachdem sie es erobert hatten, Slavonien nannten, indem fernerhin die anderen Theile jenes oströmischen Reiches zuerst von den Persern angegriffen wurden, dann von den Sarazenen, die unter Mahomed von Arabien ausgingen, und endlich von den Türken, wodurch Syrien, Aegypten und Afrika verloren ging, — da blieb dem Pabste wegen der Ohnmacht jenes Reichs nicht mehr das Auskunftsmittel, in der Bedrängniß zum **byzantinischen** Kaiser die Zuflucht zu nehmen; und da gleichzeitig gerade auf der andern Seite die Macht der **Longobarden** wieder wuchs, so glaubte der Pabst sich einen neuen Gönner suchen zu müssen und wandte sich deßhalb an den König der **Franken**.

Dies ist die Art und Weise, wie die seit jenen Zeiten unabläffig von Barbaren (d. h. von Nicht-Italienern) auf italienischem Boden geführten Kriege zum größern Theile **ganz allein durch die Päbste veranlaßt wurden. Denn von ihnen waren alle jene Barbaren, welche von jeher unser Land überschwemmten, abwechselnd herbeigerufen. Diese päbstliche Politik, welche noch in der Gegenwart** (d. h.

zur Zeit Macchiavelli's) fortdauert, hielt und hält Italien uneinig und kraftlos."

„Deßhalb", so schließt Macchiavelli seine Einleitung in die Florentiner Geschichten, „wird diese meine Erzählung der Begebenheiten, welche sich seit jenen Zeiten bis zu den unserigen zugetragen haben, nicht den allmählichen Verfall des Reiches der Imperatoren darstellen — denn das ist längst gänzlich verschwunden — sondern das Wachsthum der Päbste und der anderen Mächte, welche nächst ihnen Italien bis zur Ankunft Karls VIII. beherrschten. Man wird daraus ersehen, wie die Päbste zuerst durch geistliche Strafen, zu welchen sie später noch den Ablaß gesellten, und dann durch diese vereint mit den weltlichen Waffen, Schrecken und Ehrfurcht einflößten, von beiden aber in der Folge auf Kosten Italiens einen so übeln Gebrauch machten, daß der Schrecken aufhörte und die Ehrerbietung nur noch als Almosen (Peters-Pfennig?) gezollt wird."

Diese Auseinandersetzung zeigt uns, wie deutlich Macchiavelli die Quelle des italienischen Unglücks erkannte. Wie lebhaft er das Elend der Kleinstaaterei fühlte, das beweisen uns seine Briefe, welche vor etwa fünfzig Jahren zuerst in Italien publicirt und von Heinrich Leo etwas später übersetzt worden sind. („Die Briefe des Florentinischen Kanzlers und Geschichtschreibers Niccolo di Bernardo dei Macchiavelli an seine Freunde. Aus dem Italienischen übersetzt von Dr. Heinrich Leo. Berlin, Dümmler, 1826.) Diese Correspondenz ist sehr interessant, namentlich die mit Francesco Vettori (Franciscus Victorius), einem Freunde, dem gegenüber sich Macchiavelli ganz in seiner wahren Gestalt zeigt, so daß er mit einem Cynismus, welchen wir heut zu Tage nicht mehr zu goutiren vermögen, selbst seine ärgsten sinnlichen Schmutzflecken enthüllt. An diesen Freund schreibt Macchiavelli am 10. August 1513:

„So lange in Mailand ein Fürst ohne alle Macht Herzog bleibt, hängt die Lombardei nicht von diesem Fürsten, sondern von den Schweizern ab; und wenn auch die Schweizer von Haus aus gar keine bösen Absichten hätten, so wird doch Frankreich, am liebsten in versteckter Weise, ihnen Geld zufließen lassen, um so das Feuer gegen uns anzufachen.

Was die geträumte Conföderation der italienischen Fürsten anlangt, so muß ich darüber lachen*).

Erstens weil noch niemals ein solcher Föderalismus Etwas zu Wege gebracht hat. Denn wenn auch die Fürsten einmal ausnahmsweise einig wären, so würde das doch zu Nichts führen, weil sie keine Soldaten haben, die auch nur einen Pfifferling werth wären, mit einziger Ausnahme der Spanier, deren aber zu wenige sind.

Zweitens aber sind die Schwänze (Gliedmaßen) mit den Köpfen (Oberhäuptern) niemals Eines Sinnes; und es wird überhaupt dieses ganze Geschlecht nicht eher zu irgend einem Schritte bei irgend einer Gelegenheit zu bewegen sein, bis nicht ein wahrer Wettkampf entstanden ist, den ganzen Zustand zu ändern."

Wir möchten dem edeln Triarier Herrn Julius Fröbel das Studium dieser Briefe Macchiavelli's empfehlen. Viel-

---

*) Wie wir über den Frankfurter Fürstentag vom August 1863.

leicht überzeugt er sich dann, daß das von ihm geträumte Großmachtsgebiet doch nur ein Kindergarten ist.

Alle Schriften Macchiavelli's sind in der That nichts als ein fortgesetzter Schmerzensschrei nach der Einheit um jeden Preis. Denn Niemand fühlte tiefer das Elend der Zerrissenheit, als der kluge Florentiner. Selbst der Preis des abgefeimtesten und niederträchtigsten Despotismus war ihm nicht zu hoch. Vergleicht man mit den Mitteln, die Macchiavelli zur Herstellung der italienischen Einheit empfahl, und mit denen, welche die Begründer der Staatseinheit in Frankreich — Ludwig XI., Heinrich IV., Cardinal Richelieu, Cardinal Mazarin *) — angewandt haben, die Mittel, deren sich Graf Bismarck im Interesse der deutschen Einheit bedient hat, so wird man einen riesenhaften Fortschritt der Civilisation und Humanität erkennen und nicht zu bestreiten vermögen, daß wir, soweit wir bis jetzt die Einheit in Deutschland erreicht, in der That einen verhältnißmäßig sehr billigen Preis dafür bezahlt haben.

Wie vor und bis Macchiavelli das Pabstthum die nationale Constituirung Italiens dadurch verhinderte, daß es die „Barbaren" in das Land rief, wie es damals zwischen Longobarden und Franken oder zwischen Franken und Byzantinern schaukelte, so später zwischen Spanien, Neapel, Frankreich, Oestreich u. s. w. Und noch zur Stunde verhindert es den letzten Act der vollendeten nationalen Wiedergeburt von Italien.

---

*) Siehe die Schrift des Grafen Louis de Carné „Die Begründer der französischen Staatseinheit (Abt Suger, Ludwig der Heilige, Ludwig XI., Heinrich IV., Richelieu, Mazarin). Deutsch von Seydt. Leipzig, 1859."

Denselben verderblichen Einfluß, wie in Italien, übte es in Deutschland, wo es das centrifugale welfische Element in den Kampf führte gegen das Kaiserthum, das damals mit dem Pabstthum um die theokratische Weltherrschaft rang.

Die Coalition zwischen dem Pabst einerseits, und dem hohen Adel und dem Reichsbeamtenthum in Deutschland, den weltlichen Beamten (Herzogen und Grafen) und den geistlichen Beamten (Erzbischöfen, Bischöfen und Aebten), andererseits, stürzte das salische und staufische Kaiserthum.

Die weltlichen Reichsämter wurden erblich. Die geistlichen Reichsämter besetzte der Pabst, nachdem er im Investiturstreite Sieger geblieben. Die Grundherrn wurden Territorialfürsten. Die von dem Pabst gehätschelten und aufgehetzten Dynasten wuchsen dem Kaiser über den Kopf. Das Pabstthum erhielt später den verdienten Lohn. Die Territorialfürsten dachten: hat der Teufel den Kaiser geholt, mag er auch den Pabst holen. Sie benutzten die Reformation, um sich, wie vorher von dem weltlichen Schwert, so nun auch von dem geistlichen zu befreien und die Güter der Kirche zur Vergrößerung ihrer Hausmacht zu verwenden. Die Säcularisirung vollendete sich zu Anfang dieses Jahrhunderts, wo die geistlichen Territorien des weiland deutschen Reichs unter die weltlichen Dynasten getheilt wurden, und nur der Fürst Primas noch als letzter Mohikaner ein geistlich=weltliches Dasein von Napoleons Gnaden fristete. Der Pabst und seine Kirchenfürsten lernten die Wahrheit des Spruches kennen: Per quod quis peccat, per idem peccatur et idem. Sie klammerten sich nach der Reformation krampfhaft an das östreichische

Kaiserthum an, welches an die Stelle des deutschen getreten war. Umsonst. Es war zu spät. Das östreichische Concordat vermochte zwar nochmals zum Unheil der Völker die Grenzen zwischen Kirche und Staat zu vermengen und die geistliche Gewalt zum Mitregenten des weltlichen zu machen, aber es war ihm nicht mehr möglich, wie man dies damals in Wien offenbar beabsichtigte, den Aufschwung der italienischen und der deutschen Nation zu lähmen und auf deutschem und italienischem Gebiete eine päbstlich-habsburgisch theokratische Fremdherrschaft aufzurichten. Schon 1860 und 1861 mißlangen in den deutschen Mittel- und Kleinstaaten die von Wien aus angezettelten concordatlichen Bestrebungen. In Italien schlug das Jahr 1859, in Deutschland das Jahr 1866 die Fundamente in Trümmer, auf welchen man mit Hülfe des Concordats die heilige Liga des rechtgläubigen Südens wider den schismatischen Norden zu errichten gedachte. Kein Zorn ist gerechter, als der, welchen die Anhänger der Theokratie auf die Ereignisse von 1866 geworfen haben. Sie haben deren schönste Hoffnungen zerstört. Deßhalb predigt diese Partei in Hannover die Restauration der Welfenhofen, in Kurhessen die Rückkehr des Kurfürsten, in Bayern die Trias, in Würtemberg und Oestreich den Bund mit den rothen Hosen; und sogar der Tabak und dessen Besteuerung ist kein zu profaner Gegenstand, um ihn selbst an heiliger Stätte zur Sprache zu bringen und durch erdichtete Behauptungen den Preußenhaß zu schüren. Wie aber wirkliche deutsche Patrioten, Männer, welche bisher für die Freiheit und Einheit Deutschlands gelebt und gelitten, gestrebt und gestritten, sich durch den allerdings nicht grundlosen Mißmuth darüber, daß in Preußen die innere Verwaltung mit

der deutschen Politik immer noch nicht gleichen Schritt zu
halten vermag, so weit hinreißen lassen können, daß sie
mit jenen Anhängern der theokratischen Fremdherrschaft in
Reih und Glied marschiren und dabei sogar noch im Dienste
der Freiheit zu stehen glauben, — das ist eine Verirrung,
welche wir kaum begreifen und die unseren Nachkommen
noch mehr ein Räthsel sein wird. Sie zeigt sich aber, —
so merkwürdig ist der aus der gleichen Disposition ent=
springende Parallelismus der deutschen und der italieni=
schen Zustände — auch in Italien, wo der partito d'azione
und der partito clericale mit einander sicilianische Ves=
pern feiern.

Das deutsche Dynastenthum, das unter den Auspicien
des heiligen Vaters gegen Kaiser und Reich rebellirte und
zur unumschränkten Souverainetät aufstrebte, die es durch
den westphälischen Frieden materiell und durch die Gnade
Napoleons des Ersten auch formell errang, hatte freilich
auch stets für diese centrifugalen Tendenzen die schönsten
Worte zur Verfügung. Es sprach von der „gemeinen
deutschen Freiheit" oder von „der germanischen
Libertät". Das lautete recht schön. Aber das Ding,
welches sich dahinter verbarg, war desto häßlicher. Die
kleinen Dynasten verstanden darunter freien Spielraum
zur Verfolgung ihrer zügellosen Herrschaft= und Raubgelüste
auf Kosten der wirthschaftlichen und bürgerlichen Gesell=
schaft. Ewige Fehde sollte Gelegenheit zur Gebietserwei=
terung geben. Die Reichsgewalt sollte möglichst machtlos
sein und bleiben, damit sie nicht den Landfrieden schirmen
und die Dynasten nicht hindern könne, zu wegelagern oder
wenigstens Brücken, Wege, Straßen, Ufer und Flüsse mit
Passagezöllen zu belegen und überall die Aernten theilen

zu helfen, wo sie nicht gesäet hatten. Die Leibeigenen und Hintersassen drücken, und wenn dieselben, unfähig, den Druck ferner zu ertragen, entflohen und in einer Stadt Brot und Freiheit suchten, sie auch dorthin verfolgen, von der Stadt die Auslieferung verlangen, und wenn sie verweigert wurde, das „Bürger=Pack" mit Krieg überziehen und brandschatzen; Schacher treiben mit der Kaiserkrone, die Wahlstimme um schnödes Geld an einen fremden Fürsten verkaufen, in den Wahlcapitulationen die kaiserliche Machtfülle bis zu einem elenden Schattenbilde abschwächen, die ewigen Geldverlegenheiten der kaiserlichen Majestät ausbeuten, um ihr immer neue Privilegien und Vorrechte, Erlaubniß zur Errichtung immer neuer Zölle und sonstigen Verkehrsbeschränkungen, zu immer neuen Bedrückungen und Belastungen des gemeinen Mannes abzupressen und abzuschwindeln, — das war es, was man die „germanische Libertät" nannte und zu dessen Erreichung man sich u. A. auch den welfischen Päbsten anschloß zum Kampfe gegen die ghibellinischen Kaiser, die ihrerseits dem Traume einer Weltmonarchie nachjagten und darüber Haus und Hof in Verfall kommen ließen, d. h. das deutsche Volk der Verkommenheit preisgaben, während die übrigen Nationen, namentlich die englische und französische, auf das Eifrigste und mit dem besten Erfolge dahinter her waren, sich einheitlich zu constituiren.

So sank das Kaiserthum der Staufen und Salier. Dann folgte das Reich der Habsburger, das mit dem Pabst Friede machte, aber nicht um für die Nation, sondern vielmehr um auf deren Kosten für sich, d. h. für sein Haus= und Familien=Interesse, zu sorgen und die Bedürfnisse der Nation, die mächtig nach innerer Ordnung und Gliederung

strebte und sich nach einer rettenden Hand sehnte, auf das
Sträflichste zu vernachlässigen. An die Stelle des Schwer-
tes trat das Ehelager. Tu, felix Austria, nube. Bur-
gund, die Niederlande, Spanien, Neapel, beide Indien,
Ungarn, Böhmen, — ein Reich, in welchem die Sonne
nicht unterging, — Alles wurde erheirathet. Der Reichs-
wirrwarr, der sich zu einer anarchischen Fürstenrepublik
ausgebildet hatte, blieb sich selbst überlassen. Konnte man
ihn doch trefflich für die Hauszwecke ausbeuten. Man hatte
vor lauter Heirathen und Sorgen, das Erheirathete ins
Trockene zu bringen, keine Zeit, eine starke und geordnete
Reichsgewalt aufzurichten. Der Kaiser verstand kaum
Deutsch. Er war in Belgien als Franquillon erzogen, hatte
eine spanische Weltanschauung und kümmerte sich um Spanien, Italien, Frankreich und Algier mehr, als um Deutschland, das für ihn nur eine der minderwichtigen seiner zahlreichen Provinzen war, — gerade gut genug, um ihm
tapfere Landsknechte für die außerdeutschen Schlachtfelder
zu liefern. Als er Italien eroberte, schlug er es nicht zu
Deutschland, sondern zu Spanien. Er überzog Deutschland mit spanischen Söldnern und die deutschen Dynasten riefen dafür Frankreich um Beistand an. Der
Niederrhein wurde später an Spanien, Preußen an Polen
verschachert. So trieben wir endlich in den unseligen
dreißigjährigen Krieg, in welchem ein Patriot der Gegenwart, mag er einem religiösen Glaubensbekenntniß angehören, welchem er will, sich kaum für irgendeinen der
kriegführenden Theile aus Deutschland vom rein politisch-
nationalen Standpunkte aus erwärmen kann. Denn Alle
waren sie undeutsch, antinational, gleich schlecht, — nur
jeder in einer andern Manier. Und das schlechte Werk

trug schlechte Früchte. Der Krieg hinterließ Deutschland als politische Null. Aber auch in Bezug auf Wohlstand und Bevölkerung, Kunst und Wissenschaft, Sitte und Rechtsgefühl war das Land schauerlich ruinirt. Es bedurfte ein Jahrhundert, um wieder halbwegs zu Kraft zu kommen. Der preußische Staat und die deutsche Dichtung sind die ersten Sterne, die wieder am Himmel des Vaterlandes zu leuchten beginnen. Der große Lessing, der unsere Dichtkunst von der Fremdherrschaft erlöste, und der große Friedrich, der wieder eine deutsche Politik und eine deutsche Wehrkraft schuf, proclamirten gleichzeitig die Religionsfreiheit, der eine in Nathan dem Weisen, der andere in weisen Gesetzen. Minna von Barnhelm ist ein Denkmal für Beide, für den Helden der idealen und für den der realen Richtung, welche Deutschland wieder emporhoben.

Während sich nun in spartanischer Zucht und Strenge, in Kargheit und Sparsamkeit, in Pflichtgefühl und Opfermuth, in Preußen das providentielle nationale Königthum Deutschlands erhob, nahm das internationale habsburgische Kaiserreich eine immer abgewandtere Richtung, bis es zuletzt sowohl in Italien, wie auch in Deutschland nur noch die Fremdherrschaft bedeutete, und die Dynasten beider Länder, die sich ihm blind in die Arme warfen — die Toscana und Hannover, die Modena und Kurhessen, die Parma und Nassau — in das Verderben stürzte.

Damit Oesterreich Sicilien rette, verlor Deutschland das Elsaß; um Toscana zu erwerben, gab man Lothringen preis. Die Erhaltung von Mailand lag Habsburg mehr am Herzen als die von Straßburg. Vergeblich mahnte Brandenburg 1679 in Nymwegen an Wahrung der Rechte

Deutschlands auf Elsaß und auf Pommern. Der habsburgische Kaiser überging Elsaß mit Schweigen und zwang Brandenburg, Pommern den Schweden wieder herauszugeben, — dieser „allzeit Mehrer des Reichs"! Oestreich führte zwar die deutsche Kaiserkrone, aber es gehörte nicht zum deutschen Reich. Die Reichsgesetze galten in Oestreich nichts. Schon 1453 ließ es von den Kurfürsten als bestehendes Reichsstaatsrecht feierlich anerkennen, daß Oestreich dem Reich gar keine Heeresfolge zu leisten habe; nur bei einem Kriege gegen Ungarn solle es mit ausrücken, jedoch mit nicht mehr als 12 Mann — sage und schreibe: zwölf. Und so ist es geblieben bis 1848, wo uns Oestreich zwar einen Erzherzog und einige treffliche Redner in die Frankfurter Paulskirche schickte, aber keinen Mann zur Armee und keinen Kreuzer zur Kasse.

So haben die beiden politischen Gewalten der Vergangenheit — der Kaiser in Deutschland, der Pabst in Italien — jeder sein Land ruinirt, indem sie beide die Weltherrschaft erstrebten und darüber, wie sie solche unter einander theilen sollten, in Streit geriethen. Jahrhunderte dauerte der Verfall. Aber wie hinter dem dürren Laub schon die schwellende Knospe sitzt, so standen vor der Thüre hier Preußen, dort Piemont, bereit einzutreten und an der Stelle des verwitterten Banners der theokratischen Universalherrschaft die junge Fahne des nationalen Königthums aufzurichten und unter diesem Zeichen den Wiederauferstehungsproceß der Nation zu inauguriren.

Die deutsche Nation will wieder an die Spitze der germanischen Rasse auf dem Continent treten. Sie will ihre begonnene Constituirung vollenden. Sie wird die Hinder-

niſſe, welche ſich etwa der Erfüllung ihrer Miſſion ent=
gegenſtellen, zu überwinden wiſſen. Sie iſt nicht aggreſſiv,
aber ſie will daſſelbe Recht haben, wie England und Frank=
reich und Rußland, die denſelben Concentrirungsproceß
Jahrhunderte früher vollendet haben. Wir wünſchen in
Frieden zu leben mit unſeren Nachbarn. Aber unſer
Schiller ſagt:
— „Kann ich in Frieden leben,
„Wenn es dem böſen Nachbar nicht gefällt?"

Und ſo lange man uns drohet, ſich in unſer inneres Con=
ſtituirungswerk einzumiſchen, müſſen wir dafür ſorgen,
daß uns das Bewußtſein unſerer Kraft unabhängig macht
von Gunſt und Gnade unſerer Nachbarn. Ein Heer, das
nicht die Wahrſcheinlichkeit des Siegs hat, iſt kein Heer,
ſondern ein unnützes und koſtſpieliges Ding, wie dies die
Erfahrungen in einer Reihe von deutſchen Mittel= und Klein=
ſtaaten gezeigt haben. Wir müſſen daher ein deutſches
Heer haben, welches an Zahl und Kriegstüchtigkeit dem
präſumtiven Feinde gewachſen und dadurch im Stande iſt,
der Nation die Garantie für Erfüllung ihrer innern Miſſion
zu gewähren; wir dürfen die Zahlung der Verſicherungs=
Prämien nicht weigern, von welcher dieſe Aſſecuranz nach
Außen bedingt iſt, ohne welche ſich das Geſchäft der Wieder=
geburt im Innern nicht vollenden kann. Ein ſolches Heer
bietet zugleich die Gewißheit, daß es uns eintretenden
Falls an Verbündeten nicht fehlen wird, wenn wir ſolcher
etwa bedürfen ſollten. Denn nur der Starke findet Ge=
noſſen, der Schwache muß ſich mit Protectoren und Vor=
münder begnügen. Unſer nächſter und natürlichſter Ver=
bündeter iſt Italien, weil es ſich gegenüber derſelben Auf=
gabe befindet, den geographiſchen Begriff in eine nationale

Einheit umzuformen und an die Stelle einer mißlungenen internationalen Mission das einheitliche Volkskönigthum zu setzen. Wir haben uns in die innern Fragen der romanischen Völkerfamilie nicht zu mischen und werden es gewiß ohne Noth nicht thun. Wenn wir aber dazu gezwungen werden sollten, dadurch, daß man uns statt des nationalen Königthums der Hohenzollern das habsburgische Kaiserthum wieder aufzwingen will, das für Deutschland eben so gut eine Fremdherrschaft ist, wie für Italien, dann könnten die Ereignisse einen Lauf nehmen, welcher die Frage berührt, ob die französische oder die italienische Nation zur Führerin der romanischen Rasse auf dem europäischen Continent für die Zukunft berufen ist.

Ein im Aufstreben begriffenes Volk, dessen nationale Kraft und Leidenschaft entfesselt wird, ist unwiderstehlich. Wie die Puritaner Psalmen singend und die Sansculotten unter den Klängen des Ça ira in die Schlacht rückten und jeden Gegner niederwarfen, so wird auch dem preußischen „Volke in Waffen", wenn es der alte „Furor teutonicus" ergreift, und den Kämpfern der Italia una, wenn sie von dem heiligen Feuer der Wiedergeburt beseelt sind, eine Kraft innewohnen, der selbst tüchtige Heere, welchen aber jener kategorische Imperativ der unabweislichen nationalen Nothwendigkeit fehlt, vielleicht nicht gewachsen sind.

Deutschland droht Niemanden. Es hofft von der Gerechtigkeit seiner Nachbarn, von der Solidarität der europäischen Cultur und Civilisation, daß man ihm die friedliche Erreichung eines Ziels nicht zu verwehren suchen wird, an welchem die übrigen großen Völker Europa's bereits angelangt sind.

Aber Deutschland fürchtet auch nicht die Drohungen. Es weiß, daß es sich um seine Rettung aus Jahrhunderte langem Elend, um seine Ehre und seine Existenz handelt; und es wird nie vergessen die Worte, die ein deutscher Dichter einem französischen Edelmann in den Mund legt:

„— — Nichtswürdig ist die Nation, die nicht
„Ihr Alles freudig einsetzt für die Ehre."

Wiesbaden, Ende August 1867.

Dr. K. Braun.

Erster Brief.

Sie sprachen einst das Wort aus: "Das ist das Unglück der Könige, daß sie die Wahrheit nicht hören wollen." Ich bin überzeugt, daß Sie jene Disposition, welche Sie damals als ein "Unglück" bezeichneten, nicht theilen. In dieser Ueberzeugung richte ich meinen Brief an Sie. Ich werde in demselben das aussprechen, was ich für die Wahrheit halte. Aber es wäre an der Zeit, daß wir jenen Grundsatz eines englischen Bischofs, welcher auf die Frage, was orthodox und heterodox sei, antwortete: Orthodoxy is my doxy and heterodoxy is an others doxy, daß wir diesen Grundsatz etwas weniger heftig anwendeten auf dem Gebiete der praktischen Politik. Wir haben in Deutschland die kirchliche Ketzerrichterei nie auf die Länge geduldet, vielmehr vor Jahrhunderten schon einen gewissen Konrad von Marburg, welcher, geleitet von der menschenfreundlichen Absicht, unsere unsterblichen Seelen zu retten, unsere sterblichen Leiber zur größeren Ehre Gottes auf orthodoxen Scheiterhaufen verbrennen wollte, mit Knüppeln todtgeschlagen wie einen tollen Hund. Es waren damals rauhe Sitten. Aber warum sollen wir heute, in dem Jahrhundert der Civilisation, in einer Nation, welche sich als die gebildetste von Europa betrachtet und gewiß mit Recht die gelehrteste nennt, einander für Ketzer erklären, weil wir in den Fragen der politischen Strategie und Taktik verschiedener Meinung sind? Ich kenne — oder richtiger gesagt: ich kannte (denn er existirt nicht mehr) einen deutschen Kleinstaat, in welchem eines schönen Tages das officielle Organ der Regierung, das sich der allerhöchsten Zustimmung des Landesherrn und der Unterstützung aus dessen Schatulle zu erfreuen hatte, in loyalem Kannibalismus druckte: „es kenne kein größeres Verdienst und Vergnügen, als wenn es eigenhändig die Führer der Opposition an dieser oder jener Höhle abschlachten könnte, den Raben zum Fraß und der Regierung zu Ehren"; und wenn diese liebenswürdige Idee in den Stürmen von 1866 dort nicht realisirt worden ist, so sind wenigstens die damals dort leitenden Köpfe nicht schuld daran gewesen. Indeß das war ein Regierungsblatt und seine und der Opposition Ansichten standen einander diametral gegenüber. Aber heutzutage handelt es sich um zwei Abtheilungen der liberalen Partei, um die nationale und um die „entschiedene". Müssen da auch Scheiterhaufen rauchen? Müssen namentlich in einem Blatte, das sich mit Ihrem Namen ziert, Angriffe auf die politische Ehre und Ueberzeugungstreue von Männern gerichtet werden, welche Sie ein volles

Menschenalter hindurch Freunde und Waffengefährten genannt haben? Ist es recht, daß Männer wie Twesten, Unruh, Hennig und Forckenbeck von einem liberalen Blatte in jenem frivolen Stil tractirt werden, den man sich sonst nur in seichtem Feuilleton gegenüber einer zweideutigen Soubrette oder einer unzweideutigen Ballerina gefallen ließ?

Die Nationalliberalen haben Grund, sich darüber auszusprechen, daß, während sie als rechter Flügel der liberalen Partei marschiren, der linke Flügel derselben auf sie schießt, statt auf den Feind, und zwar oft mit nicht allzu kriegsgerechten Projectilen, und daß der Kampf nicht blos auf preußischem, sondern sogar auf fremdem Gebiet geführt wird. Denn es ist eine nicht bestreitbare Thatsache, daß, während ein Theil der wiener Presse Feuer und Flamme spie gegen die preußische Monarchie und gegen die Preußen überhaupt, mochten sie liberale oder conservative Preußen sein, während sie den Preußen Niederlagen und Untergang prophezeite und wünschte und sich, als für den Augenblick wenigstens sich das Kriegsgewölk verzogen hatte, gar nicht darüber zu trösten wußte, daß diese Gelegenheit, Preußen zu demoliren, abermals unbenutzt vorübergegangen sei, daß grade während dieser Zeit diese östreichische Presse von preußischen Correspondenten bedient wurde, welche in gleichem Sinne, wie das Blatt, das Ihren Namen als Flagge führt, vom Standpunkte der „entschiedensten" Linken gegen die nationalliberale Partei eine Polemik führten, welche an

perſönlicher Gehäſſigkeit und Ketzerrichterei nichts zu wün=
ſchen übrig ließ.

Was würden wir dazu ſagen, wenn einmal die Alt=
conſervativen ein ſolches Verfahren gegenüber den Frei=
conſervativen beobachteten? Bis jetzt iſt dieſe eigenthüm=
liche Taktik eines Theils der liberalen Parteien gegen den
andern ſeitens der conſervativen Partei nicht nachgeahmt
worden. Dieſe haben, wie ſich Napoleon der Erſte derb
ausdrückte, ihre ſchmutzige Wäſche zu Hauſe gewaſchen,
und namentlich haben ſie weder ſich unter einander, noch
auch — dieſe Anerkennung ſind wir ihnen für die neueſte
Zeit ſchuldig — Sie, oder uns, in der öſtreichiſchen Preſſe
ſo beſprochen, wie dies den „Nationalen" Seitens der
„Entſchiedenen" tagtäglich geſchieht, offenbar zu dem
Zwecke,. damit das Ausland einen anſchaulichen Begriff
davon erhalte, was es mit den querelles allemandes auf
ſich habe.

Doch Sie werden mir vielleicht, verehrter Herr, ſagen,
die Correſpondenten der wiener Zeitungen, das ſind nicht
die Männer der „Zukunft" und des „Frankfurter Jour=
nal", das ſind nicht unſre Guido Weiß, nicht unſre
Eugenius Richter, — Gott weiß, wer jene ſind, — viel=
leicht Julius Freſe, vielleicht Moſes May aus Schleswig=
Holſtein oder aus Schleſien? — wer weiß das.

Gewiß, ich bin überzeugt, Sie wiſſen es nicht. Aber
warum ziehen Sie nicht eine Grenze zwiſchen ſich, den
Preußen, und jenen, den Oeſtreichern? Warum ſchreiben

jene Oestreicher ganz denselben zierlichen, bis auf die ein‑
zelnen Redewendungen gleichen Stil wie diese Preußen?
Und was insbesondere den vormaligen preußischen Ab‑
geordneten Herrn Julius Frese anlangt, so erinnere ich
mich, auf dem Abgeordnetentage zu Frankfurt a. M. am
20. Mai 1866 einen sehr lehrreichen Vortrag gehört zu
haben, welcher mit wahrhaft enthusiastischem Beifall auf‑
genommen wurde, namentlich von Seiten desjenigen Publi‑
kums, das damals: "Krieg, Krieg und abermals Krieg!
Nieder mit den Preußen!" schrie und jetzt über die von
den Preußen eingeführte allgemeine Wehrpflicht so jäm‑
merlich wehklagt. Dieser lehrreiche Vortrag wurde da‑
mals in hunderttausend Exemplaren gedruckt und in jede
Hütte getragen durch unsere Austriacissimi in Süddeutsch‑
land, welche weit schlimmer waren als die wirklichen Oest‑
reicher, und die, wenn letztere gesiegt hätten, uns "Feig‑
lingen und Verräthern" (so hieß es damals im stylus
curiae der öffentlichen Meinung) übel mitgespielt haben
würden. Denn die Proscriptionslisten waren bereits ge‑
macht. Da aber die Oestreicher nicht siegten, so verschwand
im Stillen einer nach dem andern jener Herren, um in
Stuttgart, Bern, Genf, Mailand wieder aufzutauchen,
einer davon eilte sogar bis hinüber in das heiße Afrika.
Herr Dr. J. Frese, Mitglied des preußischen Abgeordneten‑
hauses, ging nur bis Heidelberg, und als "des Zebras freche
Farben" auch bis dorthin vorgedrungen, nach einer Zei‑
tungsnachricht in den alleinseligmachenden Schoß der ge‑

müthlichen Kaiserstadt Wien. Damals aber, am 20. Mai 1866, donnerte dieser Herr gegen das Großpreußenthum, gegen den officiellen Liberalismus, womit er eingestandenermaßen die Fortschrittspartei in der preußischen zweiten Kammer meinte, gegen den Doctrinarismus und gegen die Führer des Berlinismus, wobei er Herrn Schulze-Delitzsch einen nicht mißzuverstehenden Seitenblick zuwarf. Herr Frese forderte damals die Frankfurter (siehe den stenographischen Bericht; Frankfurt, Boselli 1866) auf, sie möchten dadurch, daß sie dem Könige und der Armee von Preußen den Krieg machten, dem preußischen Volke zu seinem Rechte verhelfen; und die anwesenden Frankfurter in ihrer stürmischen Begeisterung wären gern sofort seinem Worte nachgekommen. Aber sie konnten nicht. Sie hatten nur ein einziges Bataillon freireichsstädtischer Prätorianer. Und dieses Bataillon war sehr defect. Es zählte kaum dreihundert Mann; und auch diese Dreihundert waren keine Spartaner, sondern Söldlinge aus der untersten Classe der bürgerlichen Gesellschaft, die der Senat in den benachbarten Dörfern des angrenzenden deutschen (d. i. nichtfrankfurtischen) Auslandes für ein billiges Stück Geld geworben hatte. Durch diese Verkettung verhängnißvoller Umstände kam es, daß man außer Stande war, die preußische Armee niederzuschlagen, um die Preußen von dem Schulze-Delitzschschen Berlinismus zu befreien.

Denn in den Augen der sämmtlichen radicalen und volksvereinlichen Blätter in Süd- und Mitteldeutschland, ja auch im preußischen Rheinland und Westphalen, waren Schulze-Delitzsch, Waldeck, Franz Duncker u. s. w. damals grade so schwarze Verräther, wie jetzt Twesten, Forckenbeck und Unruh; und was den Demokraten Ziegler anlangt, so proclamirte ein Redner damals feierlich (siehe den bereits citirten gedruckten stenographischen Bericht), unter der „lebhaften Zustimmung" der frankfurter Besitzer östreichischer Metalliques und Nationals, dieser Mensch, der „den Takt zu dem Trommelwirbel der preußischen Gewaltspolitik geschlagen habe", sei unwürdig „fernerhin der Abgeordnete der Stadt zu sein, in der Heinrich Simon lebte und wirkte", und Breslau habe nichts Eiligeres zu thun, als diesem Herrn sein Mandat zerrissen vor die Füße zu schleudern. Freilich hat die Stadt Breslau dies nicht gethan, vielmehr hat sich kein preußischer Wahlbezirk gefunden, der ferner noch Herrn Frese sein Mandat anvertrauen wollte.

Sie fragen, warum ich das alles grade Ihnen erzähle? Aus zwei Gründen. Erstens erklärte damals Herr Frese, ebenfalls unter dem Beifalle der frankfurter Metalliques-Besitzer, in ganz Preußen gebe es nur drei Gerechte, erstens Sie selbst, weil Sie eine Rechtsverwahrung zu Gunsten des Augustenburgers erlassen, und zweitens die Herren Dr. Guido Weiß und Langerhanns, wovon der eine Redacteur und der andere einer der Hauptgründer jenes Blattes ist, das sich mit Ihrem Namen schmückt; und zwar diese beiden letztern deshalb, weil sie „die Jacobysche Rechtsverwahrung in Jacobys Wahlbezirk in Berlin durchgesetzt hatten", denn damit sei das Recht mitten in das feindliche Lager des Berlinismus und des Großpreußenthums eingedrungen. Zweitens sitzen doch alle jene Männer, welche damals den Frankfurtern und ganz Germanien (urbi et orbi) als elende „Taktschläger zum Trommelwirbel der Gewaltspolitik" denuncirt wurden, die Waldeck, Schulze, Franz Duncker, Löwe=Calbe, Ziegler u. s. w. wieder in einer und derselben Fraction mit Ihnen. Nach jener Darstellung des Herrn Frese waren Sie der Gerechte und jene die Ungerechten; und damit in Betreff seiner Auffassung kein Zweifel obwalten könne, setzte er noch hinzu: „In dem preußischen Volke vollzieht sich die Reinigung und die Säuberung von dem Schmutze, der ihm angeflogen ist." Sollten Sie einen Zweifel haben über die Bedeutung dieser geflügelten Worte, so fragen Sie Ihren wackern Parteigenossen Herrn Schulze=Delitzsch. Er war zugegen, als Frese sprach, und wurde, als er selber sprach, beinahe von der Tribüne heruntergetrommelt.

Ich las dieser Tage in der „Rheinischen Zeitung" ein freudig gehobenes Tedeum über die Constituirung der nationalliberalen Partei, nun sei die Fortschrittspartei endlich gesäubert und gereinigt, sie habe alle disparaten Elemente ausgeschieden und stehe nun da vollkommen gereinigt und solidarisch verbunden in allen Haupt= und Nebenpunkten, — uno et indivisible, alle Häupter regiert von einem Dogma.

Ich theile mit dem berühmten Tristram Shandy das

Unglück, daß mir immer allerlei Dinge zur Unzeit einfallen; und so begab es sich, daß, als ich jenen Freudenruf in der Rheinischen Zeitung las, mir obgemeldete freseſche Rede einfiel. Nach dem Lobspruch der „Rheinischen Zeitung" gehörten Schulze-Delitzsch, Franz Duncker, Ziegler und Waldeck zu den Gerechten, welche man nun gereinigt hat. Nach jener berühmten Rede von Frankfurt aber gehörten Schulze-Delitzsch, Franz Duncker, Ziegler und Waldeck selber zu dem Schmutz, von welchem man den Gerechten, d. h. Herrn Dr. Johann Jacoby gereinigt hatte. Und doch gehören die Rheinische Zeitung und der Dr. Freſe alle beide zu der Fortschrittspartei der „Allerentschiedensten".

Ebenso war es auf dem verfassunggebenden Reichstag vom März und April 1867. Da gehörten z. B. Waldeck und Schrader zu derselben Partei der „entschiedenen" Linken; — der Geheime Obertribunalrath Waldeck von Berlin, der in vollkommen folgerichtiger Weise nach dem streng constitutionellen Einheitsstaat strebt und deßhalb vom Bundesstaat nichts wiſſen will, die Annectirung von Schleswig-Holstein ebensogut wie die von Hannover, Kurhessen, Frankfurt und Nassau mit Freuden begrüßt und dem Miniſterium nur den Vorwurf macht, daß es nicht noch mehr annectirt habe — und der Pastor Schrader von Kiel, der den waldeckſchen Einheitsstaat deteſtirt und für den Bundesstaat schwärmt, sowie für die Reichsverfaſſung von 1849, welche zwar in socialer und wirthschaftlicher Beziehung unnöthiger und gemeinschäblicher Weise uniformirt und nivellirt, dagegen in politischen Dingen, z. B. in Concentrirung der deutschen Wehrkraft weit hinter bescheidenen und gerechtfertigten Erwartungen zurückbleibt.

Ich hoffe, Sie werden mir die Bemerkung gestatten, daß auch Sie, hochverehrter Herr, trotzdem, daß Sie und Herr Waldeck einer und derselben Partei angehören und in Betreff der Verfassung des norddeutschen Bundes einen und denselben Protest unterzeichnet haben, in dem, was man die deutsche Frage nennt, sobald es sich nicht um bloße Negationen, sondern um die positive Seite der Sache handelt, dem Rundschauer der Kreuzzeitung weit näher stehen, als Herrn Waldeck, der nicht nur im Abgeordnetenhause, sondern auch im Reichstag die Nothwendigkeit der bereits vollzogenen nicht nur, sondern auch weiterer Annectirungen mit jener jugendlichen Frische und Wärme vertheidigt hat, die diesem zähen Sohne der rothen Erde eigenthümlich ist. Sie dagegen, hochverehrter Herr, haben sich, wenn ich nicht irre, sowohl früher, als auch bei der Discussion der norddeutschen Verfassung, stets auf dem Standpunkte des Herrn Schrader behauptet, wie das auch von einem Manne mit Ihrer außerordentlichen Consequenz gar nicht anders zu erwarten war. Noch in der Sitzung vom 6. Mai 1867 haben Sie sich den Titel „eines der ältesten Kämpfer für den Rechtsstaat in Preußen" aus eigner Machtvollkommenheit beigelegt und auf Grund dieses Titels die nationale Macht und Ehre, wie wir Andern sie verstehen und meinen, für ein Trugbild erklärt, gegen die "gewaltsame Aneignung deutschen Bundesgebiets durch Preußen" protestirt und behauptet, Ihre vor wenigen Monaten ausgesprochene Prophezeihung, die glänzenden Waffenthaten des preußischen Heeres vom Sommer 1866 würden dem deutschen Vaterlande und dessen Einheit kein Heil bringen, sei nur zu bald in Erfüllung gegangen.

Nun, Herr Waldeck hat sich, wie ich bereits hervorgehoben, im entgegengesetzten Sinne ausgesprochen; und vielleicht hat Herr Waldeck einen begründeteren Anspruch auf den Titel des "ältesten Kämpfers für den Rechtsstaat in Preußen", als Sie. Denn Herr Waldeck ist der Vater der Verfassung, welche ja so oft von seinen Gegnern "la charte Waldeck" genannt worden ist. Alle Achtung vor Ihrem kritischen Talent und Ihrer Consequenz im Neinsagen, aber, so glaube ich, eine positive That, wie diese That Waldecks, haben Sie nicht aufzuweisen. Auch Ihr Parteigenosse Schulze-Delitzsch, dessen große Verdienste auf dem höchst positiven socialen und wirthschaftlichen Gebiete von Freund und Feind, von In- und Ausland anerkannt sind, und dem vielleicht auch Sie den Anspruch auf den Titel eines "Kämpfers für den Rechtsstaat" nicht streitig machen, hat in der Sitzung des Abgeordnetenhauses vom 29. Mai 1867 ausdrücklich anerkannt, wie sehr das Volk und seine Vertreter der Regierung zu Dank verpflichtet sind für jene Erfolge, welche Sie als "Gewaltacte" und "Trugbilder" brandmarken. Auch er schlägt den Takt zum Trommelwirbel der Gewalt!

Aber weiter. Wozu sollen diese Parallelen zwischen Ihnen, Schulze-Delitzsch und Waldeck und Herrn Schrader dienen? Ich verfolge damit nur den praktischen Zweck, auf Grund der oben constatirten Thatsachen zu fragen, ob es ehrlich und wohlanständig ist, daß jenes Blatt, welches sich mit Ihrem Namen ziert, diese himmelweiten Differenzen innerhalb Ihrer und seiner eigenen Partei beharrlich ignorirt, vielmehr Ihre und seine Partei als eine festgeschlossene und einheitliche, welche sich im ausschließlichen Besitze des einen und untheilbaren, alleinseligmachenden liberalen und fortschrittlichen Dogma befinde, darstellt, während es jede anderweitige Abweichung, welche sich nicht der Autorität eines politischen Fortschrittspapstes unterwirft, als Fahnenflucht, Ketzerei und Abfall vom richtigen Glauben bezeichnet?

Wir für unsere Person, wir Nationalliberalen, wissen recht gut, daß innerhalb unserer Partei zum öftern lebhafte Meinungsdifferenzen auftauchen. Wir haben dessen auch kein Hehl und meiner Meinung nach auch gar keine Ursache, uns darob zu schämen. Wäre es unsers Herrgotts Wille gewesen, daß alle Menschen jeder Zeit accurat das Nämliche denken fühlen und glauben sollten, so wäre es ihm ohne Zweifel eine Kleinigkeit gewesen, uns alle mit einander genau in der nämlichen Form zu backen. Da er das aber nicht gethan hat, so vermuthen wir, daß es nicht sein

Wille war. Wir sind daher weit entfernt, stets unsere Meinung für die absolut unveränderliche und unverbesserliche „Wahrheit" und alles, was davon abweicht, für Lüge zu halten. Ebensowenig erklären wir jeden, der sich erlaubt, von unserer Ansicht über irgendeine Frage abzuweichen, prima facie für einen Lügner, Schurken und Renegaten. Angesichts der Ereignisse des Jahres 1866 finden wir die Nothwendigkeit einer neuen Parteibildung sehr begreiflich. Wo wir hinblicken, sehen wir die Parteien, die conservativen ebensogut wie die liberalen, in Auflösung, Gährung, Zersetzung. Oder glauben Sie nicht, daß der alte Herr von Gerlach viel unzufriedener mit der conservativen Partei ist, als Sie mit den Liberalen? Warum also einander gegenseitig schmähen und verdächtigen? Ist nicht Ihre eigene Fraction unter sich weit uneiniger als irgendeine andere? Und ziemt es ihr deshalb, sich für die einzige Bewahrerin und Erbbeständerin des vestalischen Feuers des Fortschritts auszugeben?

Ich fürchte, durch jene querelles allemandes liefern wir höchstens den Beweis, daß wir noch lange keine Politiker, sondern noch immer jene „Privatmenschen" des siebenzehnten und des achtzehnten Jahrhunderts sind, welche ihre Zeit mit theologischen und scholastischen Klopffechtereien, mit den subtilsten juristischen Untersuchungen hinbrachten, welche auch später bei ernstem und großartigem gelehrten Forschen und edler Pflege der Dichtkunst immer noch dem wirklichen Leben und seinen Forderungen abgewandt blieben. Noch jetzt befängt uns jene Zeit der großen Theorien und der elenden kleinlichen verkrüppelten Wirklichkeit, wenn wir nicht begreifen lernen, daß die Methode der philosophischen Speculation und jeder andern gelehrten Forschung unanwendbar ist auf Fragen der praktischen Politik, daß in der letzteren eine That mehr ist als hundert Gedanken, und ein Erfolg mehr als das consequenteste und sattelfesteste Dogma.

An einer wissenschaftlichen Wahrheit, an einer religiösen Ueberzeugung, an einem bewährten Freund festhalten, selbst auf die Gefahr hin, es koste Kopf und Kragen, das ist Consequenz. Aber in der praktischen Politik im Sommer 1867 denselben Weg einschlagen zu wollen, wie 1866, obgleich zwischenzeitig die Fluth Weg und Steg weggerissen und in den Abgrund geschleudert hat, und obgleich zwischenzeitig ein energischer Ingenieur einen neuen Weg gebaut hat, der schneller und bequemer zum Ziele führt, das nenne ich Donquixoterie; und dieser Name ist noch viel zu schonend, wenn man dabei nicht nur auf Kosten seiner eigenen Person und seiner eigenen Partei handelt, sondern den Staat, das Vaterland, die Nation in Gefahr bringt.

Mag der fanatisirte scholastisch-theologische Ketzerrichter rufen: „Wenn auch Euer Leib brennt, ich rette Euch die Seele und das Jenseits", mag der Jurist sagen: Fiat justitia, pereat mundus, der Politiker, dessen Händen das Wohl und Wehe von Millionen und die Zukunft des

Vaterlandes anvertraut ist, der darf nicht sprechen: Fiat consequentia mea mere personalis, pereat patria! Das wäre nicht blos ein scholastisches Küchenlatein, sondern auch eine verbrecherische Selbstüberhebung.

Und dann, was die Form anlangt, erinnert nicht die Art der Polemik in unserer politischen Presse, — wie man sich gegenseitig mit Silbenstechereien und Spitzfindigkeiten chicanirt, wie man einander Verstöße gegen Grammatik, Logik und Consequenz vorwirft, wie jeder behauptet, er habe das wahre politische Lebenselixir, die Anderen alle seien Schwindler, Lügner, und wie die Schimpfwörter aus dem großen reichen deutschen Sprachschatz heißen, — erinnert das alles nicht an die Charlatans auf den Jahrmärkten und an die Kämpfe der Gelehrten aus der Zopfperiode?

Ziemt es denn einer hochcultivirten Nation, die einen weiten freien Blick hat und erhabene Ziele verfolgt, sich in der Arena der politischen Presse einer Sprache zu bedienen, welche erinnert an die kurzweiligen Hanswurstereien des wiener Paters Abraham a Santa Clara und an die Kraftsprache des orthodoxen Hauptpastors Johann Melchior Götze in Hamburg?

Zweiter Brief.

Vielleicht erinnern Sie Sich, verehrtester Herr, daß wir eines Tags — ich glaube, es war im März 1865 —, zurückkehrend von einem gemeinsamen Bekannten selband durch den berliner Thiergarten wandelten und uns über jenen Gegenstand unterhielten, welchen man damals die schleswig=holsteinische Frage nannte und welchen man jetzt glücklicherweise nicht mehr so nennt, man hat keine Ursache mehr dazu. Damals aber stand die Sache noch sehr kritisch. Bekanntlich hatte Preußen am 22. Februar 1865 in definitiver Form die bundesstaatlichen Bedingungen für die Constituirung des neuen Staates Schleswig=Holstein aufgestellt. Der Prinz von Augustenburg hatte deren unveränderte Annahme geweigert und erwidert, Preußen thue klüger, wenn es, statt ihm Bedingungen aufzuerlegen, sein Herz zu gewinnen suche. Oestreich hatte als höhere Instanz am 5. März den abschläglichen Bescheid des Augustenburgers bestätigt, des nämlichen Fürsten, welchen schier ein Jahr zuvor — am 2. Januar 1864 — dasselbe Oestreich beim Bundestag aus Schleswig-Holstein auszuweisen beantragt hatte, als einen dort nicht heimathsberechtigten Störenfried. So hatten sich die Dinge in einem Jahre geändert und mit ihnen die Menschen.

Sie fragten mich damals, Mitte März 1865, was man in Süddeutschland von der schleswig-holsteinischen Angelegenheit halte. Ich antwortete, die Meinungen seien sehr getheilt. „Was mich für meine Person anlangt," schloß ich, „ich wünschte, Preußen annectirte Schleswig-Holstein lieber heute als morgen; wozu die Zahl der centrifugalen Klein- und Mittelstaaten noch um einen vermehren und noch dazu auf einem so enorm wichtigen Territorium!"

Sie sahen mich mit Ihrem durchdringenden Blick forschend und zweifelnd an, wie einen Menschen, der eine rechte Sottise gesagt hat, oder etwas Schlimmeres. Zögernd fragten Sie: „Ich glaube, Sie scherzen? Wissen Sie denn nicht, daß die Kleinstaaten in Deutschland das Asyl der Freiheit sind?"

Jetzt war die Reihe an mir, zu fragen, ob Sie scherzten. Leider konnten wir einander gegenseitig nicht überzeugen. Sie mich so wenig von dem Werthe, als ich Sie von dem Unwerthe der Kleinstaaterei. Ich trennte mich von Ihnen mit dem frommen Wunsche, es möge Ihnen vergönnt sein, auch einmal fünfundzwanzig Jahre lang von dem souveränen Herzog A. v. R. regiert zu werden; dann würden Sie vielleicht nach Ablauf dieser

Probezeit geheilt sein von dem Irrthum', daß die deutschen Kleinstaaten der Hort der Freiheit seien.

Ich habe stets Ihre Consequenz bewundert und fand es daher auch vollkommen in Ordnung, d. h. in Uebereinstimmung mit Ihrer persönlichen Weltanschauung, daß Sie das Beispiel jenes Arztes nachahmten, welcher einem Patienten den alsbaldigen Tod angekündigt hatte, ihn aber bei dem nächsten Besuch frisch und gesund antraf, und ihm deshalb sagte: „In den Augen der Wissenschaft sind Sie doch todt." Ich will sagen, daß Sie die Schlacht von Königgrätz und was darauf gefolgt ist, nicht anerkennen, daß Sie den Krieg und seine Resultate verdammen und daß Sie am 6. Mai 1867 in dem Abgeordnetenhause einen feierlichen Protest einlegten gegen die „gewaltsame Aneignung deutschen Bundesgebiets", gegen das „Trugbild nationaler Macht und Ehre" und gegen die „Schmach freiwilliger Knechtschaft", welche sich das Volk durch Sanction der Verfassung des norddeutschen Bundes selbst auferlege.

Was die „gewaltsame Aneignung deutschen Bundesgebiets" anlangt, so erinnere ich Sie an die historischen Worte des preußischen Manifestes von 1806: „Vor allen Tractaten hat die Nation ihre Rechte". Der Bundesvertrag von 1815 war ohne die Nation, über die Nation, gegen die Nation geschlossen; und die Nachkommen derer, welche ihn geschlossen, hatten ihn am 14. Juni 1866 zerrissen und Preußen den Krieg erklärt. Sie hatten den Schutz des Bundesvertrags verwirkt und durch die Niederlagen, welche eine wahrhaft kindische Kriegführung mit sich führen mußte, die Existenz verscherzt. Der Particularismus, welcher die Dynastie über die Nation und den Theil über das Ganze setzte, hatte sich selbst gestürzt. An die Stelle des Vertrags von 1815 war wieder einmal das Recht der Nation getreten.

Sie nennen die militärische Einheit Deutschlands „die Knechtschaft". Merkwürdige Uebereinstimmung starker Geister! Napoleon der Erste nannte sie auch so. Als im Jahre 1806 sich das Königreich Sachsen mit Preußen zum Kampf gegen den mächtigen Franzosenkaiser verbündet hatte, aber im Kampfe seinen deutschen Verbündeten aufgab, um sich von dem Reichsfeinde mit einer Königskrone beglücken und zum Rheinbunds-Helotenthum begnadigen zu lassen, da erließ Napoleon am 10. October eine Proclamation an das Volk der Sachsen, worin es heißt: „Sachsen! Ich betrete Euer Land, um es zu befreien. — Meine Armeen werden nicht eher zurückkehren, als bis Preußen Euere Unabhängigkeit anerkannt hat. — Meine Fortschritte werden die Existenz und Unabhängigkeit Eures Fürsten, Eurer Nation (der kursächsischen Nation!) befestigen. Die Fortschritte der Preußen würden Euch ewige Fesseln anlegen. Die Preußen haben versucht, Euern Beherrscher zur Anerkennung einer Oberherrschaft zu zwingen, die Euch aus der Reihe der Nationen streichen würde. — Die Manen Eurer Vorfahren, die tapfern Sachsen, (Napoleon verwechselt Niedersachsen mit Ober- oder Kursachsen und den Wittekind mit den Wettinern*) würden sich entrüsten, Euch von Euern Nebenbuhlern unter das Joch so lange vorbereiteter Knechtschaft gebeugt und Euer Land zu einer preußischen Provinz herabgewürdigt zu sehen!" Klingt das nicht gerade so, als wenn es aus dem Munde des Drechslermeisters Bebel von Leipzig, Reichstagsmitgliedes für den 17., oder des Advocaten Schraps von Dresden, für den 18. Wahlkreis des Königreichs Sachsen, käme?

Damals ließen sich die Sachsen von dem süßen Klang der französischen Phrase berücken. Infolge dieses Verhaltens drohete der Dynastie 1814 der Untergang und sie verlor 1815 nicht nur die durch die Gnade Napoleons erworbenen neuen Territorien, sondern auch die größere Hälfte der alten.

Ich fürchte, wenn wir uns Ihrer Auffassung anschlössen, wenn wir die nationale Einigung und namentlich die einheitliche Zusammenfassung der gesammten deutschen Wehrkraft als eine unerträgliche Knechtschaft zurückwiesen, würden auch wir dem Schicksale der Fremdherrschaft und der Zerstückelung schwerlich entgehen.

Ich finde ferner ein bedenkliches Symptom gegen die Richtigkeit Ihrer Ansicht darin, daß alle Personen und alle Parteien in Süddeutschland, welche Preußen und die deutsche Einheit hassen, daß die Socialdemokraten, die Particularisten, die Republikaner, die Freunde Oestreichs

---

*) Aehnliches ist freilich auch dem deutschen Historiker Gervinus begegnet.

und die Anbeter Frankreichs, das Hofgesinde der Kleinfürsten und die schwarze Brigade der Sansedisten, daß diese höchstverschiedenen Menschen, die sonst nur in einem einzigen Punkte einig sind, nämlich im Haß und im Gegenstande des Hasses, plötzlich in heißer Neigung für Sie, hochverehrter Herr, entbrannt sind. Ich bin überzeugt, wenn Sie das in der Nähe sehen und hören könnten, würde Ihnen doch ein wenig bange werden. Die Frankfurter, welche fast mit Stimmeneinhelligkeit einen Conservativen in den Reichstag gewählt haben, schwärmen für Sie. Nächst Klassen-Kappelmann sind Sie dort die gefeiertste Person aus Preußen. Wenn freilich wieder in den Reichstag gewählt wird, dann würden die Frankfurter ganz gewiß wieder Baron M. Karl von Rothschild wählen und weder Sie noch Klassen-Kappelmann*). Der schwarzgelbe Adel Süddeutschlands, der bisher Ihren Namen entweder gar nicht, oder mit einem Epitheton aussprach, das nicht in die Kategorie der Ehrennamen zu rechnen war, liest jetzt mit Entzücken die berliner „Zukunft" und die düsseldorfer „Rheinische Zeitung" neben den „Kölnischen Blättern" und dem münchener „Volksboten" und lacht: „das sind Leute von Consequenz und verderben uns nichts." Die klerikalen Heißsporne in Bayern sehen Sie mit frommer Freude an der Seite des Abgeordneten für Allenstein fechten, der sich in seinem Feuereifer so weit hinreißen

---

*) Diese im Juli d. J. ausgesprochene Prophezeihung hat sich am 31. August bestätigt.

ließ, die profane Versammlung am Dönhofsplatze: „Meine geliebten Zuhörer in Christo" anzureden. Die freilich nach und nach dünner werdende Schaar der Volksvereinler in Würtemberg bewundert Sie, und die schwäbischen Blätter, welche bisher unter der Devise fochten: „Lieber französisch als preußisch" (d. i. deutsch), verehren Sie als Gesinnungsgenossen, unbekümmert darum, ob Ihnen solche Bruderschaft recht sei.

Man darf sich nicht darüber wundern, daß alle diese widerstrebenden Parteien sich auf einen gemeinsamen Namen einigen. Dies ist das Loos disparater Gewalten, welche sich plötzlich gegenüber einem neuen, mächtig empor= strebenden Dritten sehen und eine bange Ahnung ihres demnächstigen Unterganges fühlen. Als in Deutschland der Mittelstand, die Bürger und Bauern, anfingen, durch ihren Fleiß und ihr Geschick eine mächtige Stellung ein= zunehmen, die traditionellen Irrthümer des Mittelalters und der canonistischen Weltanschauung abzulegen, und das Freihandelssystem und andere rationelle Lehren der volks= wirthschaftlichen Wissenschaft zu adoptiren, da lehnte sich nicht nur der socialistische Apostel Lassalle dagegen auf, sondern es schloß sich ihm auch eine ganze Reihe von extremen Parteien, welche dem Mittelstande grollen, weil sie keinen Boden in ihm haben, mehr oder weniger offen an. Der Freiherr Wilhelm Emanuel von Ketteler, Bischof von Mainz, Thron=Assistent Seiner Heiligkeit des Papstes, Haupt der Sansedisten in Deutschland, machte plötzlich volkswirthschaftliche Studien. Er schrieb ein Buch über die „Arbeiterfrage", in welchem er mit Lassalle kokettirt und Schulze-Delitzsch, den berühmten Urheber der modernen Genossenschaften, anfeindet; in gleicher Richtung bewegte sich der Geheimrath Wagener, der Führer der Feudalen, und der Hohepriester des Zunftzopfes, der Schuster Panse in Berlin, der damals von den preußischen Conservativen auffallend begönnert wurde, zwischenzeitig aber wieder in sein Dunkel zurückgesunken ist. Alle diese Schichten wurden plötzlich Anbeter jenes Fetisches, welchen man „Proletariat" nennt, und von welchem sie früher nichts hatten wissen wollen.

Es ist mir, und nicht mir allein, aufrichtig leid, daß die centrifugalen und antinationalen Gewalten in Deutschland gegenwärtig Sie zum Gegenstande solcher Huldigungen auserkoren hätten. Erlauben Sie mir, Ihnen eine Probe von der süddeutschen Demokratie zu geben, wie sie z. B. in dem officiellen Organ derselben vertreten ist, das sich betitelt: „Der Beobachter, ein Volksblatt aus Schwaben" und in Stuttgart erscheint.

Als in diesen Wochen die Nachricht durch die Zeitungen ging, der Landtag in Weimar wolle im Interesse des Landeshaushalts ein paar Tausend Thaler an der Civilliste kürzen, fand sich dieses Volksblatt, das so oft die Republik gepriesen, veranlaßt, „seiner treuen Eckardts[*])"-Rolle gemäß mit

---

[*]) Es ist wohl der Prof. Ludwig Eckardt in Mannheim gemeint, welcher zusammen mit Oesterlen und Trabert die süddeutschen Volksvereine gestiftet hat?

dem Finger auf diesen kleinen Vorgang in einem kleinen Staate hinzuweisen", und wie derselbe veranlaßt sei "durch die unmäßigen Forderungen des Nordbundes" und wie dasselbe Schicksal allen anderen kleinen Fürsten drohe. Wehmüthig bemerkt der für sehr hohe Civillisten schwärmende Republikaner, "daß wenn einmal an einem alten Bestande" (damit meint er die Kleinstaaterei und die hohen Civillisten) "geändert und gerüttelt wird, in der Regel das Ganze der geschichtlichen Prüfung unterzogen und so lange hin- und hergezerrt werde, bis nichts mehr davon bleibe" — als der leere Raum. Dabei läßt das republikanische Volksblatt tadelnde Worte fallen über die "Begehrlichkeit der Völker" und über die "neidischen und gierigen Blicke", welche dieselben auf solche Heiligthümer, wie die Civillisten, zu werfen pflegen. Schutz gegen alle diese Gefahren, welche den "geheiligten Purpur der Souveränetät" und die heilige Kasse der Civilliste bedrohen, könnten die Fürsten nur noch finden bei den süddeutschen Radicalen, bei der heiligen Demokratie. Denn diese Demokratie "sei in diesem Augenblicke allein noch die einzig conservative Partei." Ziehe auch sie ihre schützende Hand ab von dem Fürsten, dann sei er verloren, dann werde er wie der gute König Karl, von dem bösen Varnbüler "Schritt für (vor?) Schritt dem Verhängniß entgegengeführt."

Namentlich seit dem Bekanntwerden der Schutz- und Trutzbündnisse mit Preußen hätten die Fürsten jeden sonstigen Anhalt verloren. Bisher seien die Höfe gedeckt gewesen durch die Verehrung sowohl, als durch die Interessen der conservativen Classen, des Adels, der Geistlichkeit, der Besitzenden. „Alle diese sahen in der unversehrten Erhaltung behaglicher Zustände (d. i. hoher Civillisten) in der regierenden Familie eine Bedingung ihrer eigenen Sicherheit und Behaglichkeit. Von nun an nicht mehr!" Nun wendet sich der republikanische Beobachter an die Höfe von Darmstadt, Karlsruhe, München und Stuttgart mit beweglichen Worten. Klingt es nicht erheiternd, was der demokratische Erlkönig seinem fürstlichen Schutzkindlein leise verspricht, wie z. B.: „Was die Demokratie in diesem Augenblicke auf die Seite der süddeutschen Fürsten stellt, ist ein **vergängliches** Verhältniß, das nämlich, gemeinsame Gegner zu haben. Dies Verhältniß könnte sich — und so liegt noch heute, **vielleicht morgen nicht mehr**, die Sache" — (desbalb eiligst zugegriffen!) „verbessern und vertiefen. Die Demokratie muß nach nicht verschlungenen Staaten streben. Dieser Zweck ist eben jetzt nur zu erreichen, wenn diese Staaten **vorläufig** (bis zur Einführung der Republik?) in der überkommenen Form und Verfassung bleiben. Ein parlamentarisch-militärischer Südbund (also doch auch hier, im Hort der Freiheit, so etwas von Militärdictatur und oberstem Kriegsherrn!) und die Unterstützung, welche die Fürsten bei Gründung desselben leisten, würde das Volk in einem Grade verpflichten, daß bei dessen ganzer Denkungsweise eine Erschütterung **der ökonomischen Grundlage** der Throne (fein ausgedrückt für: Schmälerung der Civilliste) außer den Kreis aller Wahrscheinlichkeit fiele." Doch wozu weiter abschreiben. Vergleichen Sie Nr. 120 des Beobachters.

Während in den Verhandlungen des Abgeordnetenhauses über die Verfassung des norddeutschen Bundes von der Opposition die Berechtigung des politischen Idealismus auf das nachdrücklichste hervorgehoben wurde, werden Sie finden, daß die süddeutschen Gegner dieser Verfassung sehr realistisch zu Werke gehen. Sie sagen zu ihren Fürsten ganz unverblümt: Do ut facias, d. h. wenn Ihr die von uns befohlene Richtung der Politik einschlagt, dann werden wir Euch die ökonomische Grundlage Eurer Throne garantiren, ja wir werden Euch sogar unser Ideal, die Republik, v o r l ä u f i g opfern; auf wie lange — das wird sich finden. Es ist die Melodie der Sanfedisten:

„Auch sei der König absolut,
Wenn er u n s den Willen thut!"

Sie erinnern sich ohne Zweifel aus Immermanns Münchhausen der kostbaren Figur des schwäbischen Bedienten Karl Butterwogel, der in seiner Heimath eine Geliebte, Namens Riecke, zurückgelassen hat nicht ohne ihr ewige Treue zu schwören, und der nun, durch das Schicksal auf das baufällige Schloß des alten Barons verschlagen, dort der Gegenstand der Neigung des gnädigen Fräuleins wird, welche in ihm einen verkappten Fürsten vermuthet. Lange widersteht er, „furchtlos und treu", wie es im württembergischen Wappen heißt, den Gunstbezeugungen des gnädigen Fräuleins, als dieselben aber schließlich die Form von Fleisch und Wurst annehmen, da siegt leider die Eßlust über die Liebe und Karl Butterwogel, der als gebildeter Diener ein Tagebuch führt, trägt in dasselbe die wohlüberlegten Worte ein: „Hab' mich nun endlich risalvirt (resolvirt), Riecken zu lieben und gnädiges Fräulein zu heirathen, wenn und woferne fernerweite gute Verköstigung zugesichert wird." So wurde der Idealismus der Republik, der sich in Riecke verkörperte, im Stich gelassen, nicht ohne sorgfältige realistische Abwägung aller Umstände.

Und wie die Demokratie des Südens für das Kleinfürstenthum und hohe Civillisten schwärmt, so schwärmen das Beamtenthum und der Klerus, welche bisher jede liberale Regung und jede Reform verdammten und nichts Höheres kannten als das Concordat und die Allweisheit der bureaukratischen Vielregiererei, nun für republikanische Staatsformen, für Selbstregierung, für das Selbstbestimmungsrecht der Völker und für Wiedereinsetzung der Depossedirten vermittelst des allgemeinen Stimmrechts, müßte dasselbe auch vorher ein wenig angeregt werden durch eine Stimmgabel, die in der Tasche einer rothen Hose importirt wird. Es ist lustig zu hören, wie Leute, welche bisher zu den eifrigsten Verfechtern der Theorie des beschränkten Unterthanenverstandes gehörten, welche tausendmal erklärt haben, wer nicht die zünftigen Universitätsstudien, Examina und Dienstzeiten in Kanzleien und

Schreibſtuben abſolvirt habe, der vermöge gar nicht mitzureden in öffentlichen Angelegenheiten, — Leute, welche jeder Preß- und Disciplinarmaßregel in Preußen, jeder Nichtbeſtätigung und jedem Act der Feindſeligkeit gegen die parlamentariſche Oppoſition zugejauchzt und zu potenzirter Nachahmung alles deſſen im engeren Vaterländchen gerathen und nach Kräften dabei mitgewirkt haben, nun auf einmal in der Sprache des Sansculottismus bramarbaſiren und mit der Jacobinermütze kokettiren, von Zeit zu Zeit aber plötzlich in Angſt gerathen, weil ihnen in einem unbewachten Augenblick ein Rückfall in die frühere Tonart dazwiſchen gekommen oder es ihnen gar paſſirt iſt, daß ſie in der Zerſtreutheit ſtatt der rothen Mütze die bureaukratiſche Zipfelkappe, das geiſtliche Käppchen aufgeſetzt oder die verrätheriſche Tonſur gezeigt haben. Solche Leute loben jetzt „unſern Jacoby" und glauben ſich dadurch zur Entſchädigung die Erlaubniß erkaufen zu können, Ihre alten Freunde Unruh, Tweſten, Forckenbeck, Lasker u. ſ. w. ſchmähen zu dürfen; und dies letztere dient ihnen als ſüße Erholung für den ſauern Republikanismus, für den bitteren Freiheitsenthuſiasmus, den ſie ſich ſo plötzlich haben auferlegen müſſen, „der Noth gehorchend, nicht dem eignen Triebe."

Während die Vertreter der Intelligenz, des Grundbeſitzes, des Handels und der Induſtrie dem auf der Grundlage der Einheit conſtituirten Nordbunde immer näher rücken, ſind es die oberſten und die unterſten Sproſſen der socialen Leiter, das vornehme und das gemeine Proletariat, welche auf das äußerste widerstreben. Das erinnert lebhaft an einen Ausspruch von Heinrich Heine: die Fabel erzählt: die obersten Sprossen einer Leiter sprachen einst hochmüthig zu den untersten: glaubt nicht, daß Ihr uns gleich seid, Ihr steckt tief unten im Kothe, während wir oben frei emporragen, die Hierarchie der Sprossen ist von Natur eingeführt, sie ist von der Zeit geheiligt, sie ist legitim. Ein Philosoph aber, welcher vorüberging und diese aristokratische Sprache hörte, lächelte, schwieg und drehte die Leiter einfach herum. Die Richtigkeit dieser Fabel, sagt Heine in seinen pariser Briefen, haben wir in Frankreich erlebt. Die vornehmen Emigranten, die im Auslande ins Elend geriethen, wurden ganz gemeine Bettler in Gefühl und Gesinnung, während das Lumpengesindel, das ihren Platz in Frankreich eingenommen hatte, sich so frech, so hochnasig, so hoffärt spreizte, als wäre es die älteste Noblesse.

Was Heinrich Heine in Frankreich beobachtet hat, das finden wir auch in Süddeutschland bestätigt. Während die mittleren Sprossen der Leiter, welche stets die mittleren bleiben, mag sich noch so oft das Oberste zu Unterst kehren, nämlich die Vertreter des Handels, der Industrie und der Landwirthschaft, frei sind von jener Borussophobie, finden wir die obersten und die untersten Sprossen, die sonst einander so selten verstehen, auf diesem Punkte in bester Eintracht. Sie alle haben, bewußt oder unbewußt, eine förmliche Idiosynkrasie gegen die Idee des Staates als solche. Sie betrachten den Staat und die politische Freiheit als Gegensätze, während man doch die letztere nur auf der Basis des ersteren aufbauen kann. Daß wir bisher in Deutschland, Zeit um Zeit, und Land um Land, zwischen einem höchst ungemüthlichen, bevormundungssüchtigen, maßregelungswüthigen Absolutismus und einer willensschwachen und ohnmächtigen gemüthlichen Anarchie hin- und herschaukelten, im Innern unbehaglich durch den ersteren und nach Außen schutzlos und verachtet durch die letztere, den Grund davon haben wir in unserer Staatlosigkeit zu suchen. Denn Preußen war bisher nur ein halber Staat und die anderen deutschen Länder gar keiner; und alle mit einander standen sie unter dem Zwange einer auswärtigen, mehr ungarisch-slawischen als deutschen Macht. Der deutsche Doctrinarismus, zu willensschwach, um diesen unerträglichen Zustand zu stürzen, ignorirte ihn. Entweder gründete er sich in dem Mikrokosmos irgendein behagliches Nest, oder er schwebte hoch über demselben und sah mit Verachtung auf ihn herab. Das Haupt in den Wolken, die Füße im Sand, schien er ohne Arme auf die Welt gekommen zu sein, denn er griff nirgends zu. Als nun endlich ein Anderer kam, zugriff und siegte, da wurde der Doctrinarismus, der sich hierdurch verdunkelt fühlt, unwillig, und da er die Thatsachen, die sich vollzogen hatten, nicht mehr läugnen konnte, da protestirte er wenigstens gegen dieselben, und mit ihm protestirten der

Klerus, der in den Kleinstaaten in weltlichen Dingen mitregiert, und das Hofgesinde, das von der Civilliste mitlebt und daher für das schwärmt, was der Brutus am Nesenbach die „ökonomische Grundlage" der Throne nennt, und die Demokratie, welche am liebsten Deutschland in Reichsstädte und republikanische Kantone auflöste, — unbekümmert darum, daß diese einzelnen Brocken für unsere mächtigen Nachbarn außerordentlich mundgerecht und leichtverdaulich sein würden.

Wenn Ludwig Seeger noch lebte, dieser hochbegabte schwäbische Volkstribun, der zwar nicht der heiligen, aber der patriotischen Demokratie angehörte, und während er das bittere Brod des Exils aß, die Ueberzeugung von der Nothwendigkeit einer deutschen Macht tief in sich gesogen hatte, so müßten wir ihn bitten, zu Gunsten seiner schwäbischen Landsleute eine modernisirte Uebersetzung von Demosthenes philippischen Reden zu machen in jener vortrefflichen Weise, in der er den Aristophanes modernisirt und uns den Shakespeare nahe gebracht hat! In Ermangelung einer solchen Kraft will ich den schwachen Versuch machen, den Anfang der dritten Rede wider den Philippos aus dem Griechischen ins Schwäbische zu übertragen:

„Obgleich, Männer von Württemberg*)," würde also

---

*) Ich darf nicht übersetzen „Männer aus Schwaben", denn sonst protestiren die in Bayern wohnhaften Schwaben, welche bekanntlich von dem Beobachter und dessen Partei nichts wissen wollen.

Demosthenes sagen, wenn er anstatt 344 vor Christus in Athen, 1867 nach Christus in Stuttgart spräche, „obgleich Alle, wenn sie auch selbst nichts thun, doch darin einverstanden sind, daß man handeln müsse, so finde ich doch alle unsere öffentlichen Angelegenheiten in einem so vernachlässigten Zustande — der Gedanke ist fast unerträglich, aber ich fürchte, er ist wahr — daß, wenn auch alle unsere vielen (Volksvereins-) Redner (Oesterlen, Mayer, Hausmann, Röhrle) Vorschläge über die Mittel, durch welche unsere Lage möglichst verschlimmert werden könnte, machen wollten, und wenn Ihr von ihren schlimmen Vorschlägen die allerschlimmsten genehmigen wolltet, es mit uns doch kaum schlimmer werden könnte, als es bereits ist. Verschiedene Gründe haben wohl hierzu mitgewirkt, und nicht blos aus einem Grunde, oder aus zweien sind die Dinge so weit gekommen. Aber bei unparteiischer Prüfung werdet Ihr finden, daß doch vorzugsweise die daran Schuld sind, welche Euch lieber Dinge, die Ihr gern hört, sagen, statt ehrlich zu rathen, was gut ist. Ein Theil von diesen, Männer von Würtemberg, sucht, ohne sich im Geringsten um die Zukunft zu kümmern, den gegenwärtigen Stand der Dinge aufrecht zu erhalten, weil er ihnen seine Stellung und seinen Einfluß verdankt. Ein anderer Theil beschuldigt und verleumdet die, welche an der Spitze der (deutschen Central-) Staatsgewalt stehen, und bezweckt damit nichts Anderes, als daß der deutsche Staat diesem, in diesem aber sich selbst, den Proceß mache, damit, während Deutschland mit seiner Selbstauflösung beschäftigt ist, Philippos (Frankreich) mit uns machen kann, was es will. Dergleichen Spiegelfechtereien sind leider bei uns im Schwange. In ihnen aber liegt die Wurzel alles Uebels. Denn seht doch, sonst glaubt Ihr überall unbeschränkte Redefreiheit zulassen zu müssen, selbst dem Gesinde gestattet Ihr sie und den Auswärtigen (Struve, Frese, Sonnemann, Kolb, Röckel, Moses May); und in der That hört man bei uns das Gesinde und die Auswärtigen ihre Meinung lauter und lärmender aussprechen, als die angesessenen Bürger. Aber aus Euren politischen Versammlungen habt Ihr leider die Redefreiheit verbannt. Die Folge ist, daß Ihr in diesen Versammlungen die Aufgeblasenen spielt und Euch von Einigen mit schönen Worten den Bart streichen laßt, während Ihr doch schon längst im Innern so tief heruntergekommen seid und gegenüber dem Philippos (Frankreich) in der äußersten Gefahr schwebt. Seid Ihr auch jetzt in dieser aufgeblasenen Laune, dann will ich schweigen. Dann habe ich Euch nichts mehr zu sagen. Wollt Ihr aber einmal auf guten und ehrlichen Rath hören, dann will ich sprechen. Denn wenn auch unsere (süddeutschen) Angelegenheiten noch so verzweifelt stehen, und vieles schon verloren ist, so ist es doch noch möglich, wenn Ihr nur Eure Schuldigkeit thun wollt, wieder alles in Ordnung zu bringen. Mag's auch sonderbar klingen, aber wahr ist's: Grade das, was bisher das Schlimmste war, läßt von der Zukunft das Beste hoffen. Und was ist das? Einfach das, daß nur durch Euern Leichtsinn und Eure Bummelei, durch Eure Pflichtvergessenheit in großen und kleinen Dingen, die Sachen so schlecht stehen. Denn wären die Dinge, trotzdem daß Ihr in allen Stücken Eure Schuldigkeit thatet, doch schief gegangen, so wäre ja nicht einmal mehr Hoffnung zur Besserung vorhanden."

Wenn Sie das Original zur Hand nehmen, so werden Sie finden, daß ich die Strafpredigt, welche Demosthenes vor 2211 Jahren der heiligen Demokratie von Athen gehalten, ziemlich wörtlich übersetzt habe, und wenn Sie finden sollten, daß man sie zur Noth auch auf die Demokratie im Stutengarten am Nesenbach anwenden könnte, so möchte ich Sie hiermit ergebenst gebeten haben, dieses Officium zu übernehmen. — Denn kein Name wiegt schwerer bei den süddeutschen Particularisten als der Ihrige.

Genehmigen Sie u. s. w.

Dritter Brief.

Wenn ich auf der einen Seite die Versicherung höre, der norddeutsche Bund sei nur eine Kaserne, nur ein großer Rekrutirungsbezirk für den König Wilhelm, wenn ich mich erinnere, wie der Reichstagsabgeordnete Bebel aus Sachsen, der mir wie ein Goldschnittslyriker, aber nicht wie ein Vertreter handfester Arbeiter vorkam, mit frommem Schauder die Worte von Heinrich Heine citirte:

> "Wir bedürfen nur noch als Deutsche
> Ein centrales Nationalzuchthaus
> Und eine gemeinsame Peitsche",

wie er in fieberhafter Erregung uns zurief, dies Bedürfniß werde nun durch Preußen befriedigt, obgleich, so viel ich weiß, Preußen ein Waldheim nicht aufzuweisen hat; — wenn ich dagegen auf der andern Seite höre, die dem norddeutschen Bunde nicht angehörigen deutschen Länder seien der Hort der Freiheit, wenn ich lese, wie der berühmte Röhrle, unmittelbar nachdem er einer an die Kammer gerichteten Monstrepetition um Einberufung einer Con=

stituante, weil die bestehende würtembergische Verfassung keinen Schuß Pulver werth sei, zu den 41,999 Unterschriften, die sie schon trug, die seinige als die 42,000ste hinzugefügt hatte, in die Welt hineinschreibt: „Wie kann man uns Würtembergern zumuthen, uns aus dem schönsten Sonnenschein freiheitlicher Zustände in den eisigen Schatten des Borussismus zu begeben? Sollen wir unsere schöne Preßfreiheit, unsere vortreffliche Verfassung, unser gutes altes Recht, dahin geben für das neue Recht, um unter der Firma der deutschen Einigung Kosaken Bismarcks zu werden?", wenn er versichert: „Unfreiheit existirt in Würtemberg heutzutage nur noch insofern, als Preußen unsere nichtsnutzige Bureaukratie am Ruder erhält (?), welche im andern Falle wir Würtemberger schon längst bei'n Teufel gejagt hätten"; wenn ich alle diese Stimmen der Völker höre, so wird mir manchmal darüber, ich muß es leider gestehen, so dumm, als ging mir ein Mühlrad im Kopfe herum; und um mich aus diesem unbehaglichen Zustande herauszureißen, weiß ich kein anderes Mittel als das, mich aus dem Gebiete der Redensarten auf das der Thatsachen zu flüchten. Thatsache aber ist es, daß Hannover zum Theil, Kurhessen und Nassau aber zum überwiegenden Theil mit Vergnügen preußisch wurden, obgleich sie sich bis dahin so zu sagen doch auch in dem Scheine kleinstaatlicher Freiheit gesonnt hatten, daß dagegen kein Theil von Preußen ein Gelüste verspürte, Preußen entfremdet und in den Hort der Freiheit recipirt zu werden, auch nicht das allerjüngste preußische Territorium, welches noch bis in die neueste Zeit unter Fürsten, welche sich sehr auszeichneten vor den letzten Dynasten von Hannover, Kurhessen und Nassau, die Segnungen des Kleinstaats genossen. Ich meine die Fürstenthümer Hohenzollern-Sigmaringen und Hohenzollern-Hechingen, welche sich der Donau und der rauhen Alp entlang vom Neckarthal bis nach dem Bodensee erstrecken und fast ringsum von dem Königreiche Würtemberg umgeben sind, welche daher, um mit Röhrle zu sprechen, besser als irgendjemand im Stande waren, den Unterschied zu erkennen zwischen dem eisigen Schatten des Borussenthums und dem schönen Sonnenschein freiheitlicher Zustände, welcher über Würtemberg lachte. Dazu kommt, daß die Bürger dieser Fürstenthümer echt schwäbischen Stammes, wahre Prachtexemplare von schwäbischem Mutterwitz und Fleiß sind, und daß sie doppelte Lasten tragen. Sie haben nämlich die Abgaben an ihre alten Fürsten behalten und leisten die an den neuen Staat noch obendrein; die allgemeine Wehrpflicht, sowie die allgemeine Einkommensteuer und die classificirte Einkommensteuer sind ihnen anfangs ohne Zweifel ebenso, wie so manchem andern Neupreußen, höchst curiose und keineswegs angenehme Dinge gewesen. Endlich aber sind die Einwohner dieses preußischen Landes Katholiken, und man weiß ja, daß der katholische Priester, obgleich seine Kirche in Preußen mehr Autonomie genießt als irgendwo sonst in Europa, eher für Oestreich oder Polen schwärmt, als für Preußen, und daß er über seine „Pfarrkinder" einen sehr ausgedehnten „beichtväterlichen" Einfluß ausübt.

Nach alledem hätte man glauben sollen, die Preußen in Hohenzollern hätten mit beiden Händen, oder wie man bei Maulbronn sagt „mit allen eilf Fingern" zugegriffen, als sich ihnen die Gelegenheit bot, mit guter Manier und anscheinend ohne sonderliches Risico, aus besagtem eisigen Schatten in den belobten freiheitlichen Sonnenschein überzugehen. Und diese Gelegenheit war ihnen geboten im Sommer 1866. Aber sie wiesen dieselbe auf das entschiedenste zurück. Die närrischen Menschen zogen den Schatten der Knechtschaft dem Sonnenschein der Freiheit vor.

Die Geschichte ist kurz und lehrreich, und da ich noch in keinem der zahlreichen illustrirten und nicht illustrirten, verständigen und unverständigen Werke, welche die Ereignisse des Jahres 1866 darzustellen versuchen, eine Aufzeichnung darüber gefunden habe, so erlauben Sie mir, daß ich sie Ihnen erzähle, und indem ich die einfach rührenden Thatsachen an Ihren großen und berühmten Namen knüpfe, sie einer Vergessenheit entreiße, welche, nach meinem Gefühl, eine unverdiente sein würde. Also hören Sie:

Ende Juni 1866 occupirte die württembergische Armee die preußischen Fürstenthümer Hohenzollern. Die militärische Promenade gelang vortrefflich. Denn außer einer Handvoll Gensdarmen waren keine Soldaten in den Fürstenthümern. Dagegen die moralische Eroberung fiel weniger glänzend aus, als die militärische. Der bundestägliche Civilcommissarius Graf Leutrum rückte gleichzeitig mit der würtembergischen Armee ein. Er begab sich zunächst nach Gamertingen und legte die Hand auf die Sportelkasse. Den Kreisrichter wollte er für den Bundestag vereidigen. Allein der judex circularis erklärte, er habe seinem König Treue geschworen, gedenke auch hieran durchaus nichts zu ändern, und am allerwenigsten wolle er mit jener anonymen Gesellschaft, genannt „Bundestag", etwas zu schaffen haben. Der ritterliche Graf drohte mit sofortiger Abführung auf den Hohenasberg, wo von dem Dichter Schubart bis zu dem aus der Paulskirche bekannten Reichskanarienvogel Rösler von Oels schon so mancher Patriot hinreichende Muße hatte, über den Sonnenschein der Freiheit und den Duodezdespotism nachzudenken. Es half nichts. Da aber der Kreisrichter auf seiner Weigerung beharrte, sich nicht dem † † † Bundestag verschreiben zu wollen, so verbannte ihn der Graf aus dem Bundesgebiete; und da Preußen zu letzterem nicht mehr gehörte, so ging der Richter einfach nach Koblenz. Der Graf-Bundescommissarius aber setzte quasi re bene gesta seinen Eroberungszug fort nach Sigmaringen, wohin ihm übrigens die Fama von seiner gamertinger Heldenthat bereits vorausgeeilt war. Auch dort galt sein erster Griff der Sportelkasse. Er fand aber in derselben nur 2 Kr., sage und schreibe: Zwei Kreuzer. Den übrigen Geldvorrath hatte man, da der Graf bereits signalisirt war, eiligst zu theils fälligen, theils auch noch nicht fälligen

Staatsausgaben verbraucht, weil man meinte, es sei besser, ein wenig zu früh zu zahlen, als zu borgen an ein Haus, das bereits so wackelig war, wie der Bundestag. Alle Zahlungen hatte man sorgfältig gebucht, die Kassabücher aber einigen zuverlässigen Bürgern anvertraut, die alle richtige Schwaben, aber dennoch sehr eifrige Preußen waren und das Geheimniß mit Sorgfalt bewahrten. Als nun Graf Leutrum nichts fand, als zwei Kreuzer, ergrimmte er gegen den Kassenrendanten; dieser aber entschlüpfte über die nahegelegene Grenze. Einen Regierungsrath, welcher es für Abgötterei erklärte, dem Bundestag zu huldigen, wies der Graf aus und schrieb ihm eine Zwangsroute nach Preußen vor. Allein obgleich er dieselbe sorgsam einhielt, blieb er auch hier noch nicht einmal unbehelligt. In Stuttgart wurde er durch einen geheimnißvoll bis oben hin zugeknöpften höheren Polizeibeamten genöthigt, auszusteigen. Er und seine Sachen wurden auf das sorgfältigste untersucht. Offenbar glaubte man, er wolle die Kassabücher heimlich exportiren. Daß man diese Visitation für eine Haupt- und Staatsaffaire in dem Feldzuge Württembergs gegen Hohenzollern hielt, beweist der Umstand, daß der württembergische Premier, Herr von Varnbüler, der damals noch sein: „Vae victis" über Preußen rief, um zwei Monate später mit ihm ein Schutz- und Trutzbündniß zu schließen, der polizeilichen Nachforschung in hocheigener Person beizuwohnen für nicht zu gering erachtete. Trotzdem fand man nichts. Nach langem Hin- und Herhandeln zwischen dem gräflichen Bundescommissar und den preußischen Beamten verpflichteten einige der letzteren sich, „nichts Feindseliges gegen den Bundestag zu thun" (was übrigens ja auch gar nicht nöthig war, da derselbe damals kaum noch existirte), daß aber die Richter vor wie nach im Namen Seiner Majestät des Königs von Preußen Recht sprachen, die Verwaltungsbeamten unter dessen Autorität administrirten, und daß überhaupt nicht ein einziger, weder ein Staats-, noch ein Communal-, noch ein sonstiger öffentlicher Beamter, daß kein Bürgermeister, kein Vogt, kein Schulmeister, kein Ortsdiener, kein Nachtwächter in den beiden preußischen Fürstenthümern zu finden war, der sich dazu herbeigelassen hätte, dem König von Preußen ab- und dem Bundestage zuzuschwören, obgleich es der mit dictatorischer Allgewalt ausgestattete Graf Leutrum zu diesem Zwecke weder an Zuckerbrod noch an Peitsche fehlen ließ. Sogar die wiederholte Hinweisung auf den unheimlichen Hohenasberg, karlsschülerhaften Angedenkens, half nichts. Die preußischen Schwaben waren noch hartnäckiger als die württembergischen; und das will viel sagen.

Auch die bewaffnete Macht der preußischen Fürstenthümer ergab sich nicht. Vielmehr trat sie mitten durch das von feindlichen Truppen occupirte Land einen Rückzug an, der, was Glück und Geschick anlangt, würdig wäre, sich Xenophons Anabasis an die Seite zu stellen.

Die ganze bewaffnete Macht bestand nämlich einzig

und allein aus 17 Gensdarmen. Sie konnten sich natürlich nicht, gegenüber der feindlichen Uebermacht, auf eine Bataille einlassen. Sie wichen zurück. Die königlich würtembergische Armee verfolgte die tapfern Siebenzehn eifrig und kam ihnen immer näher. In einem kleinen hohenzollernschen Dorfe, nah an der, dort überall nahen, Grenze angelangt, sahen sich die preußischen Gensdarmen in Gefahr, durch die Würtemberger abgeschnitten und eingeschlossen zu werden. Allein der Bauern-Vogt wußte Rath. Er versammelte die Ortsbürger und fragte sie, wer von ihnen, um Preußen vor der Gefangenschaft zu schützen, seine Kleider opfern wolle. Das Dörfchen hatte nur fünfzig Bürger, allein ein jeder derselben, obgleich sie nicht reich waren, gab seine Beisteuer und im Augenblick waren siebzehn vollständige Anzüge zur Hand. Die Gensdarmen verkleideten sich als zollersche Bauern und schlichen aus dem Dorfe mit Zurücklassung ihrer Uniformen. Sie gelangten glücklich durch Baden nach der Rheinprovinz. Die Würtemberger folgten ihnen auf dem Fuße in jenes Dörfchen. In Ermangelung des Feindes nahmen sie dessen Uniformen in Kriegsgefangenschaft. Mit dem Scalp versehen zogen sie heimwärts. Die hohenzollerschen Preußen aber wankten, trotz der gefälschten Telegramme, welche große Siege der Oestreicher bei Skalitz, bei Nachod, Trautenau u. s. w. verkündigten und von Wien und Frankfurt a. M. aus Ende Juni ganz Süddeutschland überschwemmten, in ihrer Treue zur preußischen Monarchie auch nicht eine Minute während dieser ganzen kleinstaatlich-bundestäglichen Occupation, welche übrigens nicht lange dauern sollte.

Schon am 24. Juli wurden nämlich die eroberungslustigen Würtemberger bei Tauberbischofsheim auf das Haupt geschlagen. Dem Borussenthum stand der Weg offen in jenes Land, über welches, nach Röhrle, die Sonne der Freiheit lacht. Am 25. Juli räumten die Würtemberger wieder die von ihnen im Namen des Bundes occupirten hohenzollerschen Fürstenthümer. Niemand erachtete es der Mühe werth, sie hinauszuwerfen. Sie dachten: „der Klügste giebt nach" und gingen von selber. Man hat ihnen nicht die Uniformen zerrissen — es wär' auch schade für das Kleid! — noch ihnen in die Wang' gebissen vor übergroßem Herzeleid, beim Abschied nämlich. Vielmehr fand jene retrograde Bewegung bei der hohenzollern-preußischen Bevölkerung den lebhaftesten Beifall. Die dummen Leute hatten eben nicht den geringsten Appetit dazu, aus dem eisigen Schatten des Borussenthums in den Hort der würtembergischen Freiheit übergeführt zu werden.

Dies war das Ende des Satyr-Dramas, welches neben den erhabenen Tragödien des Jahres 1866 nicht fehlen durfte. So will es das Gesetz der Tetralogie.

Giebt dieser ebenso einfache wie rührende Hergang nicht zu denken? Was ist es, das diese Süddeutschen, diese Schwaben, diese Katholiken, diese Bauern zwischen Neckar und Bodensee, an den vorwiegend protestantischen deutschen Norden fesselt? Warum wollen die Quellen der Donau und die

Niederungen der Spree nicht von einander lassen? Warum legen diese siebenzigtausend Bewohner der rauhen Alp einen so hohen Werth auf die Staatsgemeinschaft mit den Bewohnern der norddeutschen Ebene? Warum hängen sie so fest an der preußischen Monarchie, welche, bevor sie ihnen Wohlthaten erweisen konnte, genöthigt war, ihnen Lasten aufzuerlegen? Warum hängen sie so sehr an ihr, obgleich die so weit entfernte und isolirte Lage des Ländchens nicht alle Segnungen des Großstaats dorthin gelangen läßt?

Sind diese Süddeutschen etwa fanatisirte Feudale, eine zweite schwarzweiße Vendée, die aus einer thörichten romantischen Marotte die Knechtschaft der Freiheit vorzieht? Ganz gewiß nicht. Sie lieben die Freiheit nicht minder, diese preußischen Schwaben, als sie die würtembergischen Schwaben lieben. Aber sie unterscheiden sich von den particularistischen Schwaben des von den Abfällen der radicalen Presse in Preußen lebenden „Beobachters" in Stuttgart dadurch, daß sie, was letzteren abgeht, einen Begriff vom Staat und von der nationalen Aufgabe des Staats haben, daß sie wissen, daß die politische Freiheit und die nationale Einheit nicht anders realisirt werden können, als auf der Grundlage des wirklichen Staats, welcher deren Voraussetzung bildet, und daß der Kleinstaat, der seine Sonderexistenz über die Existenz der Nation, der den Theil über das Ganze setzt, kein Staat ist, so wenig, wie ein Schiff von zwei Fuß Länge, mag es auch an Deck und Takelage noch so mustergiltig sein, mag es auch jeden einzelnen Theil eines großen Fahrzeuges mit bewundernswerther Vollständigkeit und Vollendung en miniature enthalten, doch nie und nimmer ein wirkliches Schiff ist, mit dem man Meere befährt. Sie wissen, daß ein großer Staat, ein wirklicher Staat, seine culturhistorische Mission erfüllt und erfüllen muß, wenn er nicht zu Grunde gehen will; daß er seiner Natur nach in die Alternative versetzt ist, zwischen Erfüllung dieser Mission und dem Untergang zu wählen, und daß der Trieb der Selbsterhaltung in einem lebenskräftigen großen Gemeinwesen viel zu stark ist, als daß es nicht das Erstere vorziehen sollte, während der Kleinstaat, die Caricatur des Staats, wenn er sich nicht einem großen Ganzen als willig dienendes Glied einfügt, fürchten muß, von jenem lebhaften Wellenschlag, welcher mit jeder großen Culturentwickelung nothwendig verbunden ist, umgeworfen, zertrümmert, in der Tiefe begraben zu werden, so daß er jedem Fortschritt ausweicht, weil er durch ihn seine Existenz bedroht sieht, oder daß er jene, von dem dirigirenden Haus- und Staatsminister Seiner Durchlaucht des seit Rheinbundszeiten „souverainen" Herzogs von Nassau in einer Landtagseröffnungsrede während der dreißiger Jahre in wahrhaft classischer Form ausgedrückte Ueberzeugung gewinnt, „daß man auf alle Reformen verzichten müsse, weil (für den Kleinstaat) auch die nützlichste Reform mit einem gewissen Unbehagen verknüpft sei." Endlich wissen und wußten diese schwäbischen Preußen, daß ein großer Staat erstens im Stande und zweitens Willens ist, seine

Angehörigen zu schützen, und daß sie daher berechtigt waren, die würtembergische Occupation nicht als ein ernsthaftes und dauerndes Ereigniß, sondern als ein schnell vorübergehendes Wölklein zu betrachten. Deshalb hielten sie treu zum preußischen Adler, denn sie wußten: er läßt uns nicht im Stiche, und unter diesem Zeichen werden wir siegen. Was hatten denn wir z. B. von unserm Staate Nassau in der Stunde der Gefahr? Wir hatten unsern Fürsten gewarnt vor einem Kriege gegen Preußen, dem er nicht gewachsen sei. Hätte er auf uns gehört, er säße noch auf seinem Thron. Er hörte uns nicht. Er fing den Krieg an. Als aber die preußische Armee anrückte, da schrieb er zunächst einen nicht allzuhöflichen Brief an deren Commandanten, worin er sich erstens über die dem Kurfürsten von Hessen widerfahrene Behandlung beschwerte, welche er „die Gefangennehmung mitten im Frieden eines deutschen Fürsten" nannte, und sodann Klage über die Beschlagnahme der öffentlichen Kassen erhob, was er „Razzia" nannte, obgleich doch die Bundesarmee in Gamertingen und Sigmaringen mit den preußischen Kassen die nämlichen Experimente anstellte. Und als die Preußen in das Ländchen einrückten, da schrieb er eine Proclamation „An mein Volk!", worin er uns sagte, „da der Feind der deutschen Bundessache seit gestern (dem 14. Juli 1866) eine bedrohliche Stellung einnehme, so sehe er sich, um nicht nach einem in der Geschichte der Civilisation einzig dastehenden Beispiel der letzten Wochen (damit war wieder der Kurfürst gemeint) in Kriegsgefangenschaft zu gerathen, genöthigt, uns zu verlassen." Am Schluß hieß es: „Bauet auf mich, wie ich auf Euch baue; so wird uns Gott nicht verlassen!"; damit ging er und ward nicht mehr gesehen. Morgen wird's grade ein Jahr.........

So hätte der alte Fritz nicht gehandelt, der ein Fläschchen mit Gift bei sich trug als bestes Mittel, um nicht „in Kriegsgefangenschaft zu gerathen."

Wenn in Oestreich das deutsche Element dem slawischen gegenüber ins Gedränge geräth, wenn in Tirol die italienische Sprachgrenze in Eilmärschen nach Norden zu avancirt, so haben wir die Ursache darin zu suchen, daß Oestreich kein moderner Staat und kein deutscher Staat, sondern ein Völkercomplex ist, der sich von seinen aus dem sinkenden Mittelalter überkommenen Formen noch nicht hat emancipiren können. Und was die persönliche Freiheit anlangt, so darf man in Tirol und Steiermark nicht einmal im Walde jodeln, weil sonst die Herren Gemsen scheu werden könnten.

Unsere Verluste an der deutschen Westgrenze haben wir der Kleinstaaterei zu verdanken.

Ich habe im Elsaß manchen lieben Freund, der fest an deutscher Sitte, Cultur und Wissenschaft hält. Aber auf Frankreich, auf den modernen einheitlichen Staat lassen sie trotz alledem nichts kommen. Wenn ich zuweilen eine zudringliche Gewissensfrage that, dann hieß die Antwort: „Ja, wenn's ein einheitliches Deutschland mit einem einzigen Monarchen und ohne innere Grenzen gäbe, oder wenn wir die directen Nachbarn von Preußen wären, — von Deutsch= oder Preußischwerden, davon ließe sich reden. Aber wollen Sie uns zumuthen, badisch oder bayrisch zu werden? Sollen wir das Elend der Kleinstaaterei ein= tauschen gegen das Bewußtsein, einem großen Staate anzu= gehören, der uns ein einheitliches und freies Wirthschafts= gebiet im Innern und seinen mächtigen Schutz gegen Außen gewährt, in welchem jedem Talent und jeder Kraft die freie Wettbewerbung um die höchsten Güter und Ehren der Nation offen steht, einem Staat, der uns erlöst hat von Zunft und Zopf, von kleinem geistlichen und weltlichen Krähwinkel? Wir sind gute Deutsche, aber das können Sie uns nicht zumuthen!"

Seit 1866 habe ich eine Antwort darauf. Vor 1866 schämte ich mich und schwieg.

Deßhalb thut es mir in der Seele leid, daß Männer, wie Sie, das Jahr 1866 als nicht zu Recht bestehend be= trachten.

Genehmigen Sie u. s. w.

Vierter Brief.

Sie sagen, meine Geschichte aus Hohenzollern sei recht schön, aber sie werde entkräftet und widerlegt durch die Thatsachen, daß seit der Annectirung die antipreußische Stimmung in Frankfurt noch antipreußischer, in Schles=wig=Holstein wenigstens nicht preußischer geworden sei, und daß die Sympathien für Preußen in Kurhessen und Nassau, welche früher die Einverleibung provocirten, be=deutend abgekühlt und in Hannover, trotz aller Maßregeln, nicht wärmer geworden sind.

Alle diese Thatsachen sind — ich muß es mit Bedauern zugestehen — nur zu wahr.

Aber was sind die Gründe dieser Erscheinung? Die Dynastie, das Heer, die Finanzen in Preußen sind in der That und Wahrheit auch die Dynastie, das Heer, die Finanzen eines Großstaats. Auch die Hauptstadt und die Bevölkerungsziffer vermögen, wenigstens seit neuester Zeit, den Ansprüchen eines Großstaats zur Noth zu genügen.

Von der innern Verwaltung aber und von dem, was

die neuen Provinzen gegenwärtig zu schmecken bekommen, vermag ich ein Gleiches nicht zu behaupten. Namentlich aber ein großer Theil der Büreaukratie steckt noch tief in den Kinderschuhen des Kleinstaates, jenes Kleinstaates, der, weil er keine große Politik treiben kann und darf, aber doch seinem Thätigkeitstriebe Genüge leisten will, sich mit desto größerem Eifer auf die kleine Politik wirft, die Gebiete der bürgerlichen und wirthschaftlichen Gesellschaft, der Gemeinde und des Kreises, der Schule und der Kirche usurpirt, alles reglementiren, uniformiren, nivelliren will, und der, weil er kein Maler ist, sich der Schablone des Weißbinders bedient, um sagen zu können: „Anch' io sono pittore!"

Diesem Ueberrest kleinstaatlicher Nivellirungs-Reglementirungstendenz, die einer sich „conservativ" nennenden Regierung den Anstrich von Radicalismus giebt, hat leider der Landtag einen großen Vorschub geleistet, indem er für die neuen Provinzen bis zum 1. October 1867 jene Einrichtung einführte, welche man die „Königliche Dictatur" nennt, die aber einen so wohlklingenden Namen nicht verdient, sondern besser als die „Omnipotenz der Decernenten und der Geheimräthe" bezeichnet würde. Gestatten Sie mir eine nähere Erläuterung:

Man hatte bei der Einverleibung drei Uebergangs-Wege vor sich: Erstens den der Personalunion. Zweitens den der Proconsulate. Drittens den der sofortigen Einfügung in den preußischen Staat.

Bei der Personalunion wurde König Wilhelm: Herr von Frankfurt, Herzog von Nassau und von Schleswig-Holstein, Kurfürst von Hessen und König von Hannover. Diese verschiedenen Territorien hatten dann zwar ein gemeinsames Staatsoberhaupt, aber getrennte Gebiete. Sie behielten ihre bisherige Verfassung und Gesetzgebung und ihre bisherige Volksvertretung. Die Sündfluth von Verordnungen, mit welchen uns der Staatsanzeiger während der letzten drei Wochen beglückt hat — er spie täglich, ein doppelt geöffnetes Haus, wenigstens zwei Leoparden auf einmal aus —, wäre dann nicht möglich gewesen. Die Stände würden ohne Zweifel in Bezug auf Heer- und Finanzverfassung uns mit den übrigen Preußen auf einen Fuß gesetzt, im Uebrigen aber ihre Mitwirkung bei der Gesetzgebung gewahrt und das Gebiet der wirthschaftlichen und bürgerlichen Gesellschaft gegen Uebergriffe einzelner Organe der Staatsgewalt vertheidigt haben. Die Regierung wollte bekanntlich den Uebergangs-Weg der Personalunion betreten. Allein die zweite Kammer verwarf ihn, weil sie auf Anlaß der lauenburgschen Affaire eine Idiosynkrasie gegen die Personalunion hatte. Sie machte es, wie ein ungeübter Fechter. Sie parirte den Hieb, welcher bereits saß, statt dessen, der auf dem Wege war zu kommen.

Die Form der Proconsulate ist die, welcher sich die alten Römer beim Annectiren bedienten; und diese Herren verstanden das Geschäft, und zwar beide Branchen desselben, nämlich die Branche des Schwerts und die der

Verwaltung — die der Eroberung durch das Schwert grade so gut, wie das moderne Preußen, die der Assimilirung durch die Verwaltung viel besser. Die Proconsulate sind ein Mittelding zwischen Personalunion und sofortiger Einverleibung. Diese Form ist auch schon bei uns in einer großen Zeit mit Glück und Geschick angewandt worden, nämlich in der Zeit von 1814 bis 1817, wo auf Anordnung des großen Freiherrn Karl vom Stein die Herren Justus von Gruner und von Sack die von Frankreich zurückeroberten Territorien auf dem linken Rheinufer als Proconsuln verwalteten zur größten Befriedigung der zurückgewonnenen deutschen Bevölkerung. Der vormalige bonner Universitätscurator Philipp Joseph von Rehfues arbeitete damals dort unter Herrn von Sack. Er hat in späteren Jahren die Art seiner Wirksamkeit unter dem Titel „Ueber Proconsulate der neuern Zeit" beschrieben; und seine Relicten haben das hinterlassene Werkchen 1845 (Stuttgart, Cast) herausgegeben. Daß ein Mann, wie Graf Bismarck, keine Zeit zum Lesen hat, finden wir begreiflich. Allein die Herren von Scheel-Plessen, von Hardenberg, von Diest, von Madai u. s. w. hätten doch wohl Zeit gehabt; und geschadet hätte diese Lectüre ihrer amtlichen Wirksamkeit gewiß nicht.

Hätte man die Uebergangsform der Proconsulate gewählt, so wären die neuerworbenen Länder nicht sofort den verschiedenen Ministern, Unterstaatssecretären, Abtheilungsdirectoren, Wirklichen Geheimräthen, Geheimen

Oberregierungsräthen, Geheimregierungsräthen, Regierungsräthen, Decernenten, vortragenden Räthen, Hilfsarbeitern, temporären Hilfsarbeitern, Kanzlei-, Rechnungs- und Registraturräthen u. s. w. u. s. w. untergestellt worden. Die ganze Administration hätte sich in einer Hand concentrirt, und zwar in einer starken Hand, etwa in der des Grafen Bismarck. Dieser hätte für jedes Territorium einen Proconsul ernannt von dem Kaliber eines Sack oder eines Justus Gruner, d. h. einen erprobten Verwaltungsbeamten von Distinction und hoher Stellung und von freiem, weitem politischen Blick, beseelt von dem Geiste, der 1814 und 1815 die neue Verwaltung beherrschte. Diese Form hätte es erlaubt, große Schöpfungen aus einheitlichem Gusse zu schaffen; aus ganzem Holze zu schneiden, anstatt zu schnitzeln und zu leimen. Es liegen einige Anzeichen dafür vor, daß dem Grafen Bismarck ein solcher Plan vorschwebte. Er ist verhindert worden. Wodurch? Wer weiß es. Die innere Geschichte der Schwankungen im letzten Drittel von 1866 ist noch zu schreiben.— — —
Da man weder auf die Personalunion, noch auf die Proconsulate als Durchgangs-Stadien einging, blieb nur die sofortige Einfügung in den bisherigen Bestand der preußischen Monarchie übrig. Allein auch diese decretirte der Landtag in einseitiger Weise. Er incorporirte uns nur in Bezug auf die Lasten, aber nicht in Bezug auf die Rechte. Er vorenthielt uns die Verfassung, die Preßfreiheit, das Vereinsrecht, die volle Befreiung von Grund und Boden,

bis zum 1. October 1867. In Nassau z. B. maßregelte der preußische Civilcommissär die preußenfreundliche Presse auf Antrag alt-nassovitischer Beamten unter Benutzung der administrativ-polizeilichen Schablone, welche der großdeutsch-klerikale Regierungsdirector Werren auf Grund des Bundesbeschlusses von 1854 erfunden hat. Der Civilcommissär wurde täglich von der herzoglichen Jägerei mitgenommen, um auf den Aeckern der Bauern die Jagdservitut auszuüben, welche sich die Dynasten unter Mißbrauch der Staatsgewalt für den Domänenfiscus über den Privatbesitz des ganzen Landes angemaßt hatten; und die Früchte dieser gemeinsamen Jagdpartien der preußischen Verwaltung und der herzoglichen Jägerei sind deutlich zu Tage getreten in der Art, wie des Königs Verordnung vom 30. März 1867, welche die Jagdservitut aufhebt, vollzogen und — nicht vollzogen worden ist. Doch das nur beiläufig. Die Einverleibung ohne Verfassung, mit der uns die Kammer unter Führung Waldeck's beglückte, dessen Annectirungseifer seinen sonst so klaren und freien Geist einen Augenblick blendete, hat uns der Sündfluth von Verordnungen preisgegeben, welche wir, da sie der Ratihabition einer Volksvertretung — weder der alten, noch der neuen — nicht bedürfen, menschlicher Berechnung nach so bald nicht wieder los werden, und den Experimenten der Geheimräthe, deren Thätigkeitstrieb bei uns nicht auf jene Schranken stößt, welche ihm in Preußen durch die Verfassung gezogen sind.

Ein solcher Geheimrath pflegt, wie weiland Julius Cäsar, zu kommen, zu sehen und zu siegen; — und das geht so zu:

Zuerst werden die Acten nach Berlin geschickt. Ich für meine Person habe einige Zweifel, ob aus gewissen Acten etwas zu lernen ist. Denn ich habe mich überzeugt, daß die Art ihrer Fabrikation in vielen Fällen einfach folgende ist: Wenn die Regierung eine Erhebung machen will, so erläßt sie ein Circular an die Amtmänner. Jeder Amtmann in seinem Amtsbezirk läßt das Circular vervielfältigt an seine Bürgermeister und Dorfschulzen gehn. Die letzteren beauftragen in Betreff des Gegenstandes, worüber sie Bericht erstatten sollen, jene obrigkeitliche Person, welche bei Tag als Gemeindediener, bei Nacht als Nachtwächter, in sonstigen Mußestunden als Maulwurfsfänger oder dergleichen fungirt, mit den erforderlichen Nachforschungen. Auf den Grund seines Rapports berichtet der Dorfschulze ans Amt. Letzteres stellt die Berichte zusammen und legt sie der Regierung vor und diese bearbeitet sie dann zu einem Exposé, bei welchem Alles auf die Fähigkeit und die Glaubwürdigkeit besagten Maulwurfsfängers ankommt, durch dessen Brille alle Andern zu sehen genöthigt sind. Denn „Quod non est in actis, non est in mundo!"

Ich will nicht sagen, daß es in allen Fällen so ist. Aber es ist nicht immer anders.

Nach Durchlesung dieser Acten setzt sich der Geheimrath

Abends um 8 Uhr in Berlin auf die Eisenbahn. Er kommt um 11 Uhr Morgens hier an. Die Beamten, welche er consultiren will, stehen bereits auf Relais. Er conferirt mit ihnen. Beide Theile verstehen einander nicht immer. Denn jedes Land hat seine eigne Kanzleisprache. Hier sagt man Referent — dort Decernent; hier Consolidation, dort Separation; hier Conscription — dort Aushebung; hier Rekrutirungsrath — dort Ersatzcommission u. s. w. Außer den Beamten wird niemand gefragt. Unter dem Depossedirten war aber eine solche Kluft zwischen Regierung und Land, daß man sicher war, der Beamte war allemal der entgegengesetzten Meinung, wie der Bürger. Vielleicht ist es heute noch so.

Als der preußische Civilcommissär von dem Lande Besitz ergriff, erließ er eine feierliche Proclamation. Ich habe sie über meinem Schreibtisch an die Wand genagelt und lese sie öfters zur Erinnerung und zum Trost. Sie verspricht uns „hellere Tage" und ertheilt die tröstliche Versicherung: „Die Occupation des Landes ist nicht gegen die **Bevölkerung**, sondern gegen die bisherige **Regierung** gerichtet."

Gegenwärtig aber wird die **Bevölkerung** nicht mehr gefragt. Einen Landtag oder eine sonstige Vertretung giebt's nicht mehr. Die Kammern stehn uns noch nicht offen. Der Geheimrath befragt unsere Gegner, die Mitglieder der bisherigen **Regierung**, — uns nicht. Dann kehrt er alsbald nach Berlin zurück. Dann kommt die

Verordnung. Es liegt mir ferne, hier gegen die Geheim=
räthe im Allgemeinen oder gegen Einen derselben insbeson=
dere einen persönlichen Krieg anfangen zu wollen. Ich
habe welche kennen gelernt, welche mir an Fähigkeit,
Kenntniß, praktischem Geschick und Patriotismus wahre
Vorbilder dünkten und ohne Zweifel unendlich weit über
unserer bisherigen kleinstaatlichen Bureaukratie standen.

Freilich giebt es auch welche, die da glauben, dieselbe
Jagdeinrichtung, die in Pommern gut ist, passe auch für
uns. Und doch ist unsere Agrarverfassung das directe
Gegentheil der dortigen; und was hierin für das Pommer=
land gut ist, das paßt durchaus nicht für das fränkische
Rheinland.

Doch sprechen wir nicht von Personen, sondern von
Einrichtungen! Meiner Meinung nach wären Proconsulate
besser gewesen. Denn viele Köche verderben den Brei. An
der Spitze der jetzige Bundeskanzler, unter ihm vier tüch=
tige Proconsuln, — die hätten uns mit einheitlicher und
sicherer Hand durch das Uebergangsstadium fest und all=
mälig, schonend und sicher, durchgeführt und schnell aus
den verworrenen Fäden ein einheitliches Gewebe hergestellt,
während jetzt an jedem Ende eines jeden Fadens ein anderer
Geheimrath in divergirenden Richtungen zerrt und zupft.

Wir sind genügsame Leute und machen gar keinen An=
spruch auf eine so zuvorkommende und aufmerksame Be=
handlung. Wenn wir einen Wunsch haben, dann wollen
wir's sagen; und wenn wir krank sind, wollen wir klagen.

Aber daß, auch wenn wir **nicht** klagen, jeden Tag ein neuer Arzt kommt, und oft sogar mehre an einem Tage, von welchen uns der erste eine **innerliche** Arznei, der zweite eine **geistliche** Salbung, der dritte ein **ländliches** Pflaster applicirt, das ist des Guten doch vielleicht etwas zu viel und kann auch die beste Constitution verderben.

Man meint wirklich manchmal, wir lebten noch in den neunziger Jahren des vorigen Jahrhunderts. Da kamen die Civilcommissäre des Wohlfahrtsausschusses aus Frankreich zu uns; und jeder brachte ein Dutzend neuer Verordnungen mit. — — — — Damit wollen wir nicht bestreiten, daß in Finanz- und Militärsachen die Gleichförmigkeit absolut nöthig sei. Aber im Uebrigen soll man uns gütigst ein wenig Zeit lassen; wenn man so lange in dem engen Futteral der Kleinstaaterei eingeschachtelt gelegen hat, will die „affenartige Geschwindigkeit" erst noch erlernt sein.

Lassen Sie mich jetzt noch ein Wort über die lokale und provinzielle Verwaltung sprechen.

Wie ich in meinem zweiten Briefe versucht habe, meine Auffassung der Volks- oder Beobachter-Partei in Würtemberg durch Uebersetzung einer Stelle aus einer der Philippiken des Demosthenes klar zu machen, so möchte ich hinsichtlich der in den annectirten Provinzen zu beobachtenden administrativen Technik und Taktik anknüpfen an einen Brief von Marcus Tullius Cicero, dem großen Redner und

Staatsmann, den Mommsen (in seiner „römischen Geschichte") seines Ansehns zu entkleiden vergeblich bemüht ist.

Heutzutag gilt es zwar, wie ich neulich bei Herrn Schmidt-Weißenfels las, für geschmacklos, sich auf einen dieser Classiker zu berufen. Ich finde jedoch, daß, soweit meine Erfahrung reicht, dieser Glaube hauptsächlich nur bei denjenigen herrscht, welche weder Griechisch noch Latein verstehen; und da bei Ihnen das Gegentheil der Fall ist, so werde ich auf Ihre Erlaubniß, von Cicero reden zu dürfen, rechnen können.

Im Jahre 694 nach Erbauung der Stadt machte Marcus Tullius Cicero in Rom die große Politik, sein Bruder Quintus aber war seit zwei Jahren Civilcommissär in der neu annectirten Provinz Asien, in welcher die griechische Bevölkerung die an Intelligenz und Besitz vorherrschende war. Der Bruder Quintus war gerade kein böser Mensch, aber jedenfalls ein sehr eitler und mittelmäßiger. Der glänzende Stern des Marcus hatte ihn aus einer subalternen Stellung an die Spitze einer blühenden und hochcultivirten Provinz berufen, aber er war der Aufgabe, sie zu regieren, nicht recht gewachsen. Er verstand die Griechen nicht und behandelte sie mit der Hoffart eines Parvenü; daneben war er den plumpsten Schmeicheleien zugänglich; er litt ein wenig an der monomanie des grandeurs, an der Tollheit des Masaniello; er beförderte unwürdige Günstlinge, und sein Ruf litt unter deren Mißverhalten.

Ja selbst der Ruf seines großen Bruders, der damals so recht in ascendente domo war, begann ein wenig angefressen zu werden. Die Wechselwirkungen wogten damals schon zwischen Rom und Halicarnassus, wie heute zwischen Frankfurt a. M. und Berlin.

Marcus hatte mit Goethe die Gewohnheit gemein, sich seine Sorgen vom Leibe zu schreiben. Er richtete daher an seinen Bruder Quintus einen, nach heutigem Maße gemessen, wenigstens zwanzig Bogen langen Brief, worin er ihm Rathschläge giebt, wie er sich bessern solle. Der Brief ist dictirt von brüderlicher Liebe wohl, aber gewiß auch von der Besorgniß, daß das Ansehn des Staats und des begabteren Bruders Stellung unter den Mißgriffen des eiteln Quintus leiden könne. Wenigstens circulirten in Rom damals Abschriften dieser langen Epistel; und aus diesem Umstande dürfte zu schließen sein, daß es dem Briefsteller wenigstens nicht grade unangenehm war, wenn seine Mitbürger erfuhren, daß er nicht solidarisch hafte für seinen Bruder, daß er diesem Mores gelesen, und daß, wenn dennoch das Brüderchen dumme Streiche mache, er (Marcus) wenigstens nicht daran Schuld sei. Das mochte denn wohl ein Trost für die Römer sein. Für die Griechen in Kleinasien war es ebensowenig einer, als wenn wir die Versicherung erhielten, Graf Bismarck sei mit dem Verhalten des Herrn von Dingskirchen nicht einverstanden.

Graf Bismarck also, — nicht doch: ich bitte um Entschuldigung für meinen Lapsus calami — ich wollte sagen: Marcus Tullius Cicero, schreibt*) an seinen Bruder Quintus, Civilcommissär in Kleinasien, wie folgt:

„Wäre unsere Lage eine von den alltäglichen, in der man mit der Mittelmäßigkeit ausreicht, und von der wenig Aufhebens und Gerede gemacht wird, so würde auch von Dir nichts Ungewöhnliches verlangt werden, nichts, was man nicht auch von jedem beliebigen Andern fordern dürfte. So aber hat uns der Glanz und die Größe der Thaten, wozu uns die Umstände herausforderten, in ein solches Licht gestellt, daß wenn es nicht gelingt, durch gute Verwaltung der neu annectirten Provinz den höchsten Ruhm zu ernten, wir kaum der tiefsten Schande entgehn können. Denn unsere Lage ist die, daß alle Guten uns zwar wohlwollen, aber dafür auch den äußersten Grad der Sorgfalt und Tüchtigkeit von uns sowohl fordern, als auch erwarten, daß dagegen die Schlechten (deren unauslöschlichen Haß wir uns durch unsere Thaten auf ewig zugezogen haben) schon viel gewonnen zu haben glauben, wenn wir ihrer Tadelsucht auch nur die allergeringste Blöße geben. Weil Du nun aber einmal auf einer Schaubühne stehst, von solcher Berühmtheit, von solcher Größe, vor einem so urtheilsfähigen Publikum, und so merkwürdig akustisch gebaut, daß Klatschen

---

*) Ich übersetze möglichst wörtlich. Das Original finden Sie Cicero, epist. ad Quintum Fratrem, lib. I. epistola I. — editio Aldina pag. 289 a.

und Pfeifen bis Rom schallt, so schaffe und strebe, ich bitte Dich, daß Du Dich nicht nur aller Vorzüge dieser Stellung würdig erweisest, sondern sie alle sogar noch durch Deine Kunst überstrahlst. Und da der Zufall mir meinen Posten in der Hauptstadt an der Spitze der Staatsgeschäfte, Dir aber den Deinen in der neu annectirten Provinz angewiesen hat, so sieh zu, daß, während meine Rolle hinter keiner zurücksteht, Du Deinesgleichen übertriffst. Zugleich bedenke auch wohl, daß wir nicht erst nach einem zu erhoffenden Ruhme ringen, sondern den errungenen zu behaupten haben, und daß, wenn wir ihn nicht zu behaupten verstünden, wir lieber nicht darnach hätten trachten sollen."

Klingt's nicht beinahe, wie die Ermahnung Blüchers an die „Federfuxer" — so beliebte der würdige alte Herr statt „Federfuchser" zu schreiben, — sie möchten nicht durch ihre Praktiken wieder verscherzen, was das tapfere Schwert im Kriege errungen?

Der große Marcus schreibt weiter an den kleinen Quintus: „Dein Posten ist kein solcher, wo Zufall oder Routine entscheidet; hier muß Genie und unverdrossener Fleiß Alles verrichten. Dem Ungefähr ist wenig oder nichts überlassen, und Alles scheint mir einzig von Deiner Weisheit und Deiner Tüchtigkeit abzuhängen. Du hast Dich in Deiner Provinz von Anfang an der tiefsten Ruhe zu erfreuen gehabt; aber während diese Stille dem wachsamen Steuermann nützt, kann sie dem schlafenden oder berauscht e n verderblich werden. Die Leute, mit welchen Du zu thun hast, zählen zu einem Volksstamme (Griechen), der zu den humansten und gebildetsten gehört und dem wir unsere Cultur verdanken*)."

Der ältere Bruder räth dem jüngeren dringend zu einer maßvollen und würdigen Behandlung dieser Bevölkerung; es sei aber damit nicht genug, daß er selbst sich solcher Tugend befleißige, auch seine Beamten müsse er in strengster Zucht und Ordnung halten, namentlich die „ex cohorte praetoris", d. h. die, welche er selbst aus den alten Provinzen mitgebracht und berufen hatte; denn „in Ansehung dieser sei er nicht nur für das, was sie thun, sondern auch für Alles, was sie reden und schreiben, verantwortlich", deshalb bedürfe es hier der äußersten Vorsicht.

„Wenn es auch," schreibt Marcus, „Dir in den ersten Zeiten Deiner Amtsverwaltung begegnet wäre" (aus anderen Stellen des Briefes muß man schließen, daß dies dem unüberlegten, voreiligen und eiteln Manne nur zu oft begegnet ist), „daß Einer oder der Andere Deine Gutmüthigkeit mißbraucht und Dich hintergangen hätte, so besorge ich nichts der Art für das dritte Jahr. Gewiß wirst Du Dich ebenso rechtschaffen, aber nur noch vorsichtiger und zurückhaltender in der Zukunft bewegen. Möge alsdann

---

*) Wie sie in Deutschland der sächsische Stamm dem fränkischen verdankt, welcher letztere Preußen auch seinen Regenerator, Stein, gegeben hat.

niemanden mehr zu zweifeln gestattet sein, daß Deine Ohren nur dem, was sie unmittelbar selbst hören, offen stehen, aber nie dem, was ihnen von gewinnsüchtigen und lakaienhaften Menschen verstohlenerweise zugeflüstert wird."

Dann folgt eine sehr eindringliche Vermahnung gegen das Geschenkenehmen. „Das Anbieten und Geben," fügt der erfahrene Redner bei, „wird jedenfalls dann von selbst aufhören, wenn man sehen wird, daß durch die Leute, welche v i e l bei Dir zu vermögen vorgeben, in Wirklich= keit g a r n i ch t s bei Dir ausgerichtet wird."

Dann kommt Cicero auf die eingebornen griechischen (höhern) Beamten zu sprechen, die dem vorigen Regiment gedient haben.

„Mit diesen Griechen," sagt er, „ist nichts mehr zu meiden, als ein gewisser Grad näherer Vertraulichkeit. Ich nehme von dieser Behauptung nur Wenige aus. Diese Wenigen allerdings würden selbst dem a l t e n Griechenland Ehre gemacht haben. Die Uebrigen aber sind größten= theils falsch, veränderlich und durch lange Knechtschaft in der Kunst zu heucheln und zu schmeicheln ausgelernte Meister. Zu große Vertraulichkeit mit diesen Dienern des vorigen Hofs ist immer etwas Gefährliches. Denn sie wagen es nie, unsern Neigungen entgegenzutreten. Ueber= dies sind sie immer neidisch und mißgünstig, nicht nur auf unsere Landsleute, sondern sogar auch auf ihre eigenen. —

So seien und bleiben denn die Grundzüge Deiner Ver=

waltung: Deine eigene Unsträflichkeit und Enthaltsamkeit — die Bescheidenheit aller, die mit Dir sind — eine äußerst sorgfältige Auswahl unter denen, womit Du vertrauten Umgang pflegst und eine stets gleich bleibende tadellose Zucht in Deinem eigenen Hause. Wenn Du so verfährst im Besitze eines Amtes, das so große Gewalt giebt, ist einer Zeit, wo die Sittenverderbniß so allgemein ist, in einer Provinz, die an verführerischen Lockungen so überreich ist, so muß das den Leuten als etwas gleichsam Göttliches erscheinen."

Eitelkeit und Selbstüberschätzung auf der einen, Unfähigkeit Widerspruch zu ertragen und Hastigkeit auf der andern Seite scheinen die Hauptfehler des durch die Protection seiner Clique aus subalterner Stellung zum Statthalter einer neu annectirten Provinz emporgekommenen Quintus zu sein. Denn Marcus schreibt ihm weiter:

„Ueber einen Punkt werde ich nicht aufhören, Dich zu vermahnen. Denn ich will, soviel an mir liegt, an dem Lobe, das Dir zukommt, keinen Flecken dulden. Alle Leute, die aus Deiner Provinz hierher kommen und Deine guten Eigenschaften kennen, rühmen, daß, den Jähzorn ausgenommen, Alles an Dir gut sei. Dies ist nun freilich leider ein Fehler, der schon im gewöhnlichen Privatleben für das Kennzeichen eines eiteln Flachkopfs gilt. Häßlicher aber kann gewiß nichts sein als eine ausgedehnte Amtsgewalt, die mit heftigem Sinn geübt wird. Ich will nicht die Zeit damit verthun, Dir nochmals zu Gemüthe zu

führen, was die weisesten Männer aller Zeiten gegen den
Jähzorn gesagt und geschrieben. Theils ist mein Brief
ohnedies schon zu lang geworden; theils giebt es der
Bücher genug, worin das Alles zu finden. Aber das, was
so recht der eigentliche Beruf eines Briefes ist, nämlich dem
Adressaten selbst zu wissen zu thun, was er n i ch t weiß,
das will ich nicht verabsäumen. Höre also": (und nun
folgt eine sehr praktische Darlegung, wie schlimm es für
eine Obrigkeit sei, wenn sie ihre Leidenschaft nicht be=
herrschen kann und wenn ihre Zunge mit ihr durchgeht.)
Vielleicht veranlassen Sie diese wenigen Proben aus
dem Briefe an Quintus, welche ich meinem Briefe an Sie
eingeschachtelt habe, das Original zu lesen; und Sie wer=
den mir dann beipflichten, wenn ich sage, die preußischen
Statthalter würden wohl thun, wenn sie diesen Brief nicht
nur läsen, sondern auch befolgten.

Die in den neuen Provinzen allerdings augenblicklich im
Wachsen begriffene Mißstimmung*) ist nicht Folge der Ver=
fassung des norddeutschen Bundes. Denn diese hat mit alledem
nichts zu schaffen. Wenn man sie auf ein parlamentarisches
Conto setzen will, so müßte es das des preußischen Ab=
geordnetenhauses sein, welches im vorigen Herbst uns unsere
alte Verfassung und unsere Landstände genommen hat, ohne
uns neue zu geben, welches uns unter die Ministerien ein=

---

*) Man vergesse nicht, daß der Brief von Mitte Juli datirt.
Das Einschreiten des Königs und die Verhandlung mit den Vertrauens=
männern haben die Sache gebessert.

gepfarrt, aber uns diejenigen Volksrechte vorenthalten hat, welche die Ministerialgewalt heilsam beschränken. Allein es wäre ohne Zweifel Unrecht, wenn man auf dieses Conto Alles setzen will.

Gestatten Sie mir, es zu wiederholen: Ein großer Theil von Preußens Büreaukratie hat noch nicht das politische Bewußtsein des Großstaats gewonnen, ist noch in kleinstaatlichen Anschauungen befangen. Nur ein Beispiel. Bei uns hat es gestern der neue Regierungspräsident durchgesetzt, daß die Regierung den Geometer für jede landwirthschaftliche Consolidationsgesellschaft bestätigt oder ernennt, während sich ihn bisher jede Gesellschaft selbst wählte. Mit dem gleichen Rechte könnte die Regierung sich das Recht beilegen, für jede Actiengesellschaft oder für jedes Fabrikgeschäft den technischen Director zu ernennen. Denn die Consolidationsgenossenschaft hat mit dem Staat nicht mehr zu schaffen, als ein Hüttenverein oder eine Baumwollspinnereigesellschaft.

Ich würde es dem Staat, der seiner Natur nach Egoist ist und es sein muß, noch nicht einmal so übel nehmen, daß er sich drein mengt, wenn für ihn möglicherweise irgend etwas Anderes dabei herausspringen könnte, als die Unannehmlichkeit, daß Alles, was schief geht, auf seine Rechnung geschrieben wird; und die Vermuthung spricht dafür, daß Alles schief geht. Denn der Staat versteht nichts von der Privatwirthschaft; und der Interessent versteht seine Interessen besser, als der Nichtinteressent.

Unsere Bauern werden diese Neuerung sehr übel aufnehmen. Denn sie nimmt ihnen abermals ein Stückchen ihrer wirthschaftlichen Selbständigkeit, das sogar die nassauische Regierung, welche bevormundungssüchtiger war als irgendeine andere, respectirt hatte.

Und an demselben Tage, an welchem die Regierung die Befugniß, einen Geometer zu ernennen, für so unendlich wichtig erachtet, am 24. Juli, wird daselbst der im vorigen Jahre nicht gefeierte Geburtstag des Depossedirten gefeiert, weil die Leute voll Mißstimmung sind gegen die neue preußische Verwaltung. Man zieht durch die Straßen mit den früheren Farben und Fahnen. Auf den Depossedirten singt man Lieder, bringt man Toaste. Der etwas verdampfte particularistische Patriotismus der Soldaten, welche die Bundesarmeecampagne des vorigen Jahres mitgemacht haben und nun die preußische Uniform tragen, wird durch Hofspirituosen wieder erwärmt und belebt. An demselben Tage stellt hier der Depossedirte bei dem Gericht eine Klage wegen Besitzstörung an, gestützt auf die Behauptung, der König will in „mein Schloß" ziehen, und man feiert im Schwabenlande die „glorreiche Schlacht von Tauberbischofsheim". Der Großherzog von Hessen erklärt, er verwalte die von ihm eingetauschten vormals kurhessischen Territorien nur interimistisch für seinen theuren Vetter, den Kurfürsten. An der Tafel des Prinzen von J.=B. in O. tafeln zwei Depossedirte und toastiren auf die rothen Hosen.

Aber die Regierung — — — nun, sie hat ihr ganzes

Augenmerk auf oben bemeldeten [Consolidationsgeometer gerichtet. Sie hat ihr Bestätigungsrecht durchgesetzt. Was liegt an allem Uebrigen? Es fällt nicht in die Wagschale gegenüber einem solchen Triumphe.

— — — —

„Nun," höre ich Sie fragen, „und nach allen diesen Erlebnissen sind Sie immer noch nicht von Ihrem preußischen Großmachtschwindel geheilt, schlagen Sie immer noch den Takt zum Trommelwirbel der Gewalt?"

Nein, verehrtester Herr, alle diese kleinen Leiden, womit wir heimgesucht sind, haben mein felsenfestes Vertrauen in die Mission der preußischen Monarchie auch noch nicht einen Augenblick erschüttert. Fast möchte ich sagen: Es geht mir, wie dem Juden, der in Rom katholisch ward, weil er dachte: wenn Alles das, was ich hier gesehen, einer Religion passiren darf, und sie dabei doch nicht Noth leidet, dann muß sie vortrefflich sein.

Ich weiß nicht, was an dem Gerede von den zwei Seelen des Ministeriums ist; aber das weiß ich, wenn der Staat Preußen zwei Seelen hat, dann wird die gute und große Seele über die böse und kleine Seele siegen. Denn das erfordert der Selbsterhaltungstrieb dieses spartanisch-jugendkräftigen Gemeinwesens. Auch der Staat wächst mit seinem Zweck, und wenn der preußische Staat seine hohe Mission erfüllen will, dann verbietet es sich von selbst, daß seine Organe jedem Bauern in jeden Topf gucken.

Wenn ich ob dieser Topfguckerei manchmal mißmuthig

werde, — und ich gestehe Ihnen, daß dies zuweilen der Fall ist, obgleich mein Temperament nicht zum Mißmuthe geneigt ist —, dann frage ich mich: Aber wie wäre es denn, wenn „wir", d. h. unsere Regierungen und Oestreich, im vorigen Jahre gesiegt hätten und das Land nicht annectirt worden wäre? — und dann stellen sich solche Schaudergemälde vor mein geistiges Auge, daß ich mit Klopstock singen möchte:

„Ebert, mich scheucht ein trüber Gedanke vom blinkenden Weine
Tief in die Melancholei!"

und daß ich zu dem Schluß komme:

Und doch gut preußisch trotz alledem und alledem!

Und wenn es sich auch um einen Quintus handeln würde, und wenn zum Quintus noch ein Sextus, zum Sextus noch ein Septimus, zum Septimus noch ein Octavus käme, und wenn sie alle gleichen Kalibers wären, und wenn alle Abhortationen des großen Marcus Tullius auf unfruchtbares Erdreich fielen — — —, e pur se muove!

Genehmigen Sie u. s. w.

Druck von Otto Wigand in Leipzig.